HILFE
AUS
EIGENER
KRAFT

STEPHANIE KATERLE

Wir ohne dich

*Wie Paare mit
unerfülltem Kinderwunsch
ihre Liebe bewahren*

Klett-Cotta

Klett-Cotta
www.klett-cotta.de
© 2016 by J. G. Cotta'sche Buchhandlung
Nachfolger GmbH, gegr. 1659, Stuttgart
Alle Rechte vorbehalten
Printed in Germany
Umschlaggestaltung: Weiß-Freiburg GmbH – Graphik & Buchgestaltung
Titelbild: © micromonkey / fotolia
Gesetzt in den Tropen Studios, Leipzig
Gedruckt und gebunden von Kösel, Krugzell
ISBN 978-3-608-86052-8

Bibliografische Information der Deutschen Nationalbibliothek
Die Deutsche Nationalbibliothek verzeichnet diese Publikation
in der Deutschen Nationalbibliografie; detaillierte bibliografische
Daten sind im Internet über http://dnb.d-nb.de abrufbar

Schnelleinstieg

Inhalt

Einleitung

Liebe ohne Kinder: Zwei Beispiele

» *Als Simone und Jonas meine Praxis aufsuchen, sind sie seit neun Jahren ein Paar. Sie klagen darüber, dass sie sich nur noch wenig zu sagen haben. Ihnen sei, so beschreibt es Simone, über die Jahre »die Luft ausgegangen«. Sexualität finde nicht mehr in nennenswertem Umfang statt, was Jonas besonders beklagt. Simone dagegen ärgert sich darüber, dass Jonas so einfallslos geworden sei und sich nur noch für die Arbeit interessiere. Er verbringe mehr und mehr Zeit im Büro. Simone und Jonas haben keine Kinder. »Zwischen uns ist Stillstand. Keine Bewegung mehr. Keine Ideen und Visionen mehr. Unsere Beziehung hat sich irgendwie totgelaufen.«*

» *Inga und Viktor kommen nach zwei Jahren unerfüllten Kinderwunsches zu mir. Sie sind nervös und angegriffen. Inzwischen überlegen sie sich ernsthaft, ob es nicht besser wäre, sich zu trennen. Beide sind noch jung. Wäre es mit einem anderen Partner vielleicht eher möglich, noch eine Familie zu gründen? Vielleicht geht es ja nur zwischen ihnen beiden nicht. Die Vorstellung, auseinanderzugehen, zerreißt aber beiden das Herz. Sie stecken in einem furchtbaren Dilemma, aus dem es augenscheinlich keinen Ausweg gibt.*

Diese beiden Beispiele sind ganz typische und nicht einmal besonders drastische Beispiele für Paare, die sich Hilfe von einer Paartherapie versprechen.

Solche Dinge passieren ständig. Beziehungen verlieren an Saft und Kraft, manche driften einfach auseinander. Manchmal aber tun sie das nicht »einfach so«, sondern es hat Lebensumstände gegeben, die das Paar ausgelaugt, die Beziehung überstrapaziert haben. Im Fall von Simone und Jonas löst die Frage »Wollten Sie keine Kinder oder mussten

Sie sich mit der Tatsache abfinden, dass Sie keine haben konnten?«
unmittelbare Emotionen aus. Diese fast vergessene, erfolgreich ver-
drängte Lebensphase von vor vier Jahren bricht in der Beratung wieder auf. Hier entsteht die Möglichkeit, aus dem Scherbenhaufen, den
diese anstrengende Lebensphase hinterlassen hat, verschüttete Schätze
zu bergen. Ein unerfüllter Kinderwunsch kann auch die größte Liebe
enorm belasten und sie im schlimmsten Fall zersetzen. Paare gestehen
sich oft nicht ein, wie tief der Wunsch nach einem Kind an den eigenen Lebensentwurf und die Vorstellung von Partnerschaft geknüpft
ist. »Kind oder nicht Kind« ist nicht nur eine Frage von Kinderzimmer
oder nicht, sondern berührt tiefe und schmerzempfindliche Stellen in
der eigenen Identität. Je nachdem, wie die Konstellation zwischen den
beiden Partnern gelagert ist, können Erwartungen und Lebensträume
stärker werden als die Liebe zum Mann, zur Frau. Bei Inga und Viktor
steht das bereits im Raum. Sie fragen sich, was Priorität haben soll: ihre
Beziehung oder das Kind, die gewünschte Familie. In ihrem Fall geht
es in der Beratung um das Aufdecken unausgesprochener Pläne für das
eigene oder das gemeinsame Leben und nicht zuletzt um gelernte und
angenommene Glaubenssätze.

Auf unerklärliche Weise saugt der Kinderwunsch der Liebe in vielen
Beziehungen die Kraft ab. Viele Paare erkennen nicht, dass es ihre Le-
bensmotive und Seinsvorstellungen sind, die in der Phase des unerfüllten Kinderwunsches beschädigt werden. Dass dann viele Jahre später
die Beziehung unter den Spätfolgen dieser Verletzungen zugrunde gehen kann, bringen sie nicht in Zusammenhang. Sich über die eigenen
Motive, Sehnsüchte und Wünsche klar zu werden, hilft bei der Ver-
arbeitung und bei der Suche nach Lösungen. Auch die gesellschaftliche Bedeutung von Kindern und Elternschaft trägt einen Großteil zur
Bewältigung eines unerfüllten Kinderwunsches bei. Paare leben nicht
isoliert von Erwartungen und Projektionen der Umwelt, auch wenn
unser Liebesideal immer wieder suggeriert, wie geheimnisvoll und
höchstpersönlich die eigene Liebe sein soll. All das kann man sich vor
Augen führen, sortieren, erklären. Dieser Vorgang hilft, sich und den

Partner besser zu verstehen. Ein solches Verständnis wiederum trägt zu besserer Kommunikation bei. Und Kommunikation ist der Stoff, aus dem Liebe gemacht ist. Darüber zu sprechen hilft also immer. Nicht unbedingt beim Schwangerwerden, aber beim Bewahren der Liebe.

Kinderwuscheltern sind ganz normale Eltern

In diesem Buch geht es um *Eltern* mit einem Kinderwunsch. So banal das klingt, bedeutet doch das Vorhandensein eines Wunsches bereits eine Veränderung im Leben der betroffenen Paare. Diejenigen nämlich, die unverhofft Vater und Mutter wurden, haben vollkommen andere Interessenslagen, Anliegen und Bedürfnisse als diejenigen, die erst planen und dann warten. Das soll und darf so sein. Es geht beim Kinderwunsch, bei den betroffenen Paaren und in diesem Buch also um spezielle Themen besonderer Eltern. Kinderwuscheltern sind nämlich tatsächlich bereits Eltern, und zwar von dem Moment an, in dem sie Eltern werden *wollen*. Von dieser Arbeitshypothese wird im Buch ausgegangen – auch wenn die ersehnten Kinder noch nicht da sind oder nie kommen werden. Auch gilt diese Bezeichnung in meinen Augen für Eltern, die bereits Kinder haben und sich weitere wünschen. Auch wenn die ersten Kinder mit medizinischer Unterstützung in die Welt gefunden haben, kann der Kinderwunsch in gleicher Weise bestehen bleiben. Eine Geburt bedeutet nicht das Ende des Kinderwunsches. Es geht in diesem Buch ums Wünschen und Hoffen, Begehren und Bekommen. Ums Leiden geht es und ums Tapfersein, ums Beistehen und Durchhalten, um Einsamkeit und Solidarität. Um Körper, Herz und Seele in einer so intensiven Verbindung, wie sie selten vorher oder nachher im Leben von Paaren auftritt. Viele Kinderwuscheltern berichten von einer gewissen Vereinsamung. Sie meinen damit das Gefühl, teilweise aus freien Stücken, teilweise aber auch zwangsläufig, eine Sonderrolle in ihrem Umfeld einzunehmen. Den Begriff »Insel«, den Klienten einmal in meiner Praxis prägten, passt dazu sehr gut. Man zieht sich zurück, ist von der bekannten Welt ein Stück entfernt, und manchmal entsteht der Eindruck, dass sich diese Insel für zwei immer weiter von Freunden, Familie und Kollegen entfernt. Ich werde diesen Begriff deswegen im Buch noch häufiger verwenden.

Das Buch bietet Erklärungen und Fakten an, analysiert die Situation und die Bedeutungszusammenhänge betroffener Paare und bietet pragmatische Hilfen an. Es will ermuntern, trösten und immer wieder neue Sichtweisen und Perspektiven ermöglichen. In den Fallbeispielen aus der Beratungspraxis wird klar, wie komplex die Beziehungsgeschichten sowie die individuellen Biografien mit den Wünschen und Sehnsüchten der Beteiligten zusammenhängen. Die gleiche Diagnose wirkt auf Paar A ganz anders als auf Paar B. Niemand soll über den berühmten Kamm geschoren, niemand wegen seines Kinderwunsches und der Energie, die dafür investiert wird, in eine Schublade sortiert werden.

Sind Wünsche behandelbar?

Beim Wort »Kinderwunschbehandlung« zucken viele Betroffene zusammen. Wünsche kann man nicht behandeln, Sehnsüchte und Träume nicht therapieren. Hier greift die Medizin in höchst persönliche und individuelle Lebensthemen ein. Familiengründung ist mehr als Kinderkriegen, und Kinderkriegen ist mehr als Reproduktion. Es ist ein tiefer, inniger Wunsch, das höchst persönliche Bedürfnis nach Bestand und Sinn; nicht nur »Mann plus Frau«, sondern Selbstverwirklichung und Erfüllung. Kinderkriegen ist mehr als Biologie, es ist auch ein spirituelles und philosophisches Thema. Sobald ein Kinderwunsch auftaucht, ist da ein Kind, wenn auch vorerst ein gedachtes, erträumtes. Auf der anderen Seite müssen viele Paare mit unerfülltem Kinderwunsch die Erfahrung machen, dass gedachte oder bereits existente Kinder, in welchem Entwicklungsstadium auch immer, wieder unvermittelt verschwinden und doch niemals weg sind. Wer einen Traum hat, verändert das eigene Leben und das Leben als Paar. Träume vergehen nicht, man kann sie nicht begraben und nicht verdrängen. Wer einen Traum ins Leben ruft, behält ihn, ob er nun Wirklichkeit wird oder nicht. Das prägt und beeinflusst den Charakter einer Partnerschaft dauerhaft.

Aus meiner Beratung weiß ich, dass in vielen Partnerschaften der Wunsch nach einem Kind Ausmaße annehmen kann, die das gesamte Leben dominieren, dass Entwürdigung und Schmerzen während der Kinderwunschbehandlung in Kauf genommen werden und im Leben der Paare bleibende Spuren hinterlassen. Männer und Frauen nehmen diese Strapazen nicht aus Egoismus oder Ehrgeiz in Kauf, sondern zugunsten eines Lebenssinns, zugunsten eines höheren Zieles. Viele fühlen sich deshalb, wenn sich nach Jahren (mit Glück als Familie) die oft als gnadenlos empfundene Reproduktionsmaschinerie verlassen, entfremdet und beschädigt an Körper und Seele. Sie haben – jeder für sich und gemeinsam als Paar – tiefe Veränderungen und oft Traumata erlebt. Eine kontinuierliche psychologische Begleitung der Paare findet dennoch immer noch nicht in ausreichendem Maße statt. Hierbei sollte es nicht um das Therapieren eines Mangelzustandes gehen, sondern um das Erhalten der Ressourcen in der Partnerschaft. Paare brauchen Coaching, um fit und gesund zu bleiben in einer Phase erhofften Umbruchs und Veränderung. Dass ein solches Elterncoaching immer noch nicht in großzügigem Ausmaß zur Kinderwunschbehandlung dazugehört, erscheint angesichts des politisch und gesellschaftlich wiederkehrenden Rufes nach mehr Kindern bedauerlich. Zukünftige Eltern sollten nach allen Regeln medizinischer und psychologischer Kunst unterstützt werden, damit es mehr glückliche und zufriedene Paare und Familien geben kann.

Kinderkriegen ist Paarsache

Dieses Buch richtet sich an Frauen *und* an Männer, denn beide lieben die Idee eines gemeinsamen Kindes. Es will Verständnis und Erklärungen anbieten und vor allem das Signal geben, dass Paare in Kinderwunschphasen nicht allein sind mit ihren Gefühlen, Ängsten, ihrer Hoffnung, Scham und ihrer Verzweiflung. Einige Fallbeispiele sollen deutlich machen, dass ungewollt Kinderlose vieles gemeinsam haben – und dass alle Emotionen zulässig, normal und nachvollziehbar sind.

Dieses Buch umfasst übrigens bewusst kein explizites Kapitel zum Thema »gleichgeschlechtliche Paare mit Kinderwunsch«. Dass gleichgeschlechtliche Paare ebenso unter ungewollter Kinderlosigkeit leiden wie gemischtgeschlechtliche, ist erwiesen. Auch wird als gesichert vorausgesetzt, dass homosexuelle Paare genauso gute, liebevolle, verlässliche, konsequente, zugewandte Eltern sind wie heterosexuelle auch. Sie sollten deswegen unbedingt grundsätzlich das Recht zur Adoption sowie zu allen Kostenübernahmen für ggf. notwendige medizinische Unterstützung beim Kinderwunsch erhalten. Darüber sollte nicht einmal mehr diskutiert werden. Das ist aber nicht der Grund, warum homosexuelle Paare in diesem Buch nicht ausdrücklich auftauchen. Einerseits haben homosexuelle Paare exakt dieselben Paarthemen wie heterosexuelle. Andererseits sehen sie sich mit sehr spezifischen Themen konfrontiert, die in Konstellationen zwischen Männern und Frauen nicht auftauchen. Diese Themen wären so viele Kapitel wert, dass sie den Umfang dieses Buches sprengen würden. An dieser Stelle wird um Verständnis gebeten.

Paare mit Kinderwunsch, gleich welcher sexuellen Orientierung, welchen Alters und welcher Lebenssituation auch immer, sollten wissen, dass sie mit ihren Fragen und Problemen während der Phase der Reproduktionsmedizin voraussichtlich weitgehend allein gelassen werden. Sie sollten gut für sich sorgen und ihrer seelischen Gesundheit Beachtung schenken. Denn diese Situation ist eine stressige, überfordernde Zumutung für fast alle Betroffenen. Dieses Buch will aus paartherapeutischer Sicht die häufigsten Schwierigkeiten beleuchten, von denen Paare in Kinderwunschbehandlungen berichten und es will Lösungen aufzeigen. Es will auffordern, den liebsten Menschen, den man hat, in stürmischen Zeiten zu achten und zu bewahren. Die medizinische Seite bleibt weitestgehend außen vor, der Fokus liegt auf den Möglichkeiten, die innerhalb der Paarbeziehung liegen.

Selbsttest für Paare mit unerfülltem Kinderwunsch

»Wenn wir mit Freunden oder Verwandten zusammen sind, die kleine Kinder haben, fühlen wir uns oft unwohl. Wenn mir eine Kollegin erzählt, dass sie schwanger ist, kann ich mich nicht mitfreuen.«

○ »Jedes Mal ist das Einsetzen der Monatsblutung für meine Partnerin eine mittlere Katastrophe. Sie ist dann tagelang traurig, und ich fühle mich hilflos und würde mich am liebsten zurückziehen.«

○ »Sexualität ist für uns keine freudvolle Angelegenheit (mehr).

○ »Manchmal fragen wir uns, ob wir uns nicht bereits in den Kinderwunsch verbissen haben und ihn nicht mehr vernünftig angehen können.«

○ »Mein Leben kommt mir so sinnlos vor, seit das Kind darin fehlt.«

○ »Ich bin der Diagnoseträger, die Kinderlosigkeit liegt an mir. Ich habe manchmal das Gefühl, es wäre besser, meine Partnerin / meinen Partner freizugeben, damit er oder sie sich ihren Lebenstraum erfüllen kann.«

○ »Wir haben wichtige (z. B. berufliche) Entscheidungen hintangestellt, weil wir erst Kinder wollen. Inzwischen blockiert uns das Warten in unserer Karriere.«

○ »Wir wissen nicht mehr, wo wir Schluss machen könnten mit der medizinischen Behandlung. An einen Plan B zu denken, kommt uns falsch vor.«

○ »Uns sind bereits Freundschaften zerbrochen, weil diese Freunde inzwischen Kinder haben.«

Sie haben drei oder mehr Kreuze gemacht? Dann macht es wahrscheinlich Sinn, sich Beratung und Unterstützung zu suchen. Auch wenn Ihr Thema nicht dabei war, kann ein professionell geführtes Gespräch helfen, Ihre Situation besser zu bewältigen.

1. Familienplanung

Eltern sein und Kinder wollen

Beruflich bedingte Zeitfenster, Stress, altersbedingte und umweltbiologisch begründete Probleme sowie innere Blockaden führen zu einer wachsenden Zahl von Paaren, die Schwierigkeiten haben, ihren Wunsch nach einem Kind in aller Selbstverständlichkeit Wirklichkeit werden zu lassen. Während in Zeiten vor Verbreitung effektiver Verhütungsmittel immer die Situation gegeben war, unverhofft schwanger zu werden, hat sich mit der Möglichkeit der Geburtenkontrolle ein Zeitfenster ergeben, das für eine Familiengründung sinnvoll erscheint. Das ist gut so. Es ermöglicht Frauen, sich beruflich zu qualifizieren, und schafft mehr Familien mit ausreichend Zeit und Freude für Kinder. Doch nicht immer geht der Plan auf.

Nach der Verunsicherung über das unerwartete Ausbleiben des gewünschten oder geplanten Kindes verändert sich das Leben der Paare nachhaltig. Oftmals beginnt der Lebenswunsch »Kind« über Jahre die Beziehung zu dominieren. Reproduktionsmedizin und andere therapeutische Angebote vermitteln den Eindruck, dass man mit ausreichenden materiellen und zeitlichen Ressourcen früher oder später sicher am Ziel, sprich dem Leben mit einem oder mehreren Kindern, ankommen wird. Medizinisch sind inzwischen fast alle Lücken des Machbaren geschlossen, viele Verfahren und Alternativen beschäftigen Paare mit Kinderwunsch Tag und Nacht. Die Kinderwunschphase ist eine, die Paaren alles an Durchhaltevermögen, Geduld und Selbstreflexion abverlangt. Nie mussten sie bisher so tapfer und unverbrüchlich in ihrer Liebe sein, nie so schwierige Entscheidungen treffen. Sie geben viel, viel Zeit und eine Menge Geld her, sie kämpfen und streiten, trösten, ermutigen und beruhigen. Sie wachsen und reifen, und manche verlieren sich dabei aus den Augen. Damit dies nicht passiert, lohnt es sich, das

Selbstverständliche einmal aufmerksam zu betrachten. Wozu wollen wir Kinder? Wie steht es um unsere Konventionen? Wie positionieren wir uns mit diesem irrationalen Wunsch zur Leistungsgesellschaft und wollen wir den Weg hin zur Familie in aller Konsequenz bis zum womöglich bitteren Ende gehen?

Alles geht! Wirklich?

Was diese Phase des Wartens, Hoffens, Leidens und Bangens für die betroffenen Männer und Frauen in Partnerschaften bedeutet, bleibt immer noch viel zu wenig beachtet. *»Immer mehr Paare erfahren, dass der Wunsch nach einem eigenen Kind nicht so leicht zu realisieren ist. Wenn eine Schwangerschaft auf natürlichem Weg nicht eintritt, bietet die heutige Reproduktionsmedizin vielversprechende Möglichkeiten, den unerfüllten Kinderwunsch zu verwirklichen.«*

So wirbt das »Kinderwunsch-Zentrum an der Oper« in München. Hier wird in einem Praxisverbund alles angeboten, was dazu beiträgt, die Welt so zu verändern, dass persönliche Wünsche aller Art in Erfüllung gehen können: Augen lasern, Fett absaugen, Krampfadern entfernen, Schamhügel straffen oder eben einen bisher unerfüllten Kinderwunsch erfüllen. Hier scheint alles gleichrangig möglich. Medizinisch macht es keinen kategorischen Unterschied, Arthrose zu behandeln oder Unfruchtbarkeit. Moralisch und psychologisch aber schon. Dennoch stellt die Medizin Therapien zur Verfügung, die erwiesenermaßen bereits einigen Paaren zum Wunschkind verholfen haben. Warum sollte man es also nicht probieren? Der Schritt hin zu medizinischer Hilfe bei unerfülltem Kinderwunsch fällt heute vielen Paaren leichter. In Amerika, wo die Behandlung bei Kinderlosigkeit bereits deutlich etablierter ist, wird die Möglichkeit, sich das erhoffte Elternglück scheinbar maßschneidern zu lassen, inzwischen sehr gut angenommen. Es gibt inzwischen über 400 Fortpflanzungskliniken in den USA. In amerikanischen Großstädten, wo Erfolg und Geschwindigkeit noch wichtiger scheinen als anderswo auf der Welt, zeigt sich diese Tendenz besonders deutlich. Wo früher Fatalismus und Schicksalsergebenheit herrschten, wenn sich der Wunsch nach einem Kind nicht erfüllte, steht heute eine wachsende Zahl von Helfern bereit, die in allen Lebenslagen zum Optimieren und zur Wunscherfüllung herbeieilen wie Zauberer und gute Feen. In früheren Zeiten war nicht nur die Reproduktionsmedizin sehr viel weniger weit entwickelt, sie hatte auch den Ruf des Geheimnisvollen und Unnatürlichen. Man glaubte sogar, Gott ins Handwerk zu pfuschen, wenn man die Möglichkeiten wahrnahm, die angeboten wurden. Von Kräutern bis hin zu schwarzer Magie nahmen dennoch auch früher viele Menschen alles mit, was möglich war, um das Wunschkind zu bekommen. Heute bildet sich vor ungewollt kinderlosen Paaren eine aufsteigende Hierarchie von medizinischen Möglichkeiten ab, die von Insemination und Hormongaben über IVF[1] bis hin zu ICSI[2] führt. Paare mit Kinderwunsch verwenden diese Begriffe selbstverständlich und vertraut, als seien sie Vokabeln im Wörterbuch der Hoffnung. Während früher christliche Vorstellungen vom »Schicksal« noch sehr viel mehr in die Biografien der Paare eingriffen, sind Akzeptanz und Resignation angesichts eines unerfüllten Kinderwunschs heute einfach unüblich, fast wäre es so, als würde man bei der Diagnose einer schweren Krankheit freiwillig auf die Behandlung verzichten und lieber sein Schicksal annehmen.

Kinder gehören einfach dazu – oder?

Obwohl die Lebensentwürfe der heutigen Paare so viel freier und beweglicher scheinen als die unserer Vorfahren, ist der Wunsch nach einem Kind als Komplettierung der Familie heute stärker denn je, nicht zuletzt wegen des sich schnell öffnenden und schließenden beruflichen Zeitfensters, das die passende Spanne für den Familienzuwachs zu begrenzen scheint. Familie bedeutet für viele Menschen außerdem das spirituelle Gegengewicht zu den Anforderungen von Beruf und Alltag. Familie soll ein Hafen sein, etwas, »das bleibt«, ein Wertesystem

---

1 In-vitro-Fertilisation, Befruchtung im Reagenzglas
2 Intrazytoplasmatische Spermieninjektion, einzelne Spermien werden der Eizelle injiziert.

fernab von Konsum und Leistung. Junge Menschen wollen heute an allererster Stelle ihre Herkunftsfamilie bewahren, pflegen und eine eigene Familie gründen. Dass dieser Wunsch viele Hindernisse zu überwinden haben wird, müssen viele, besonders Frauen, schmerzlich erfahren. Ihre Träume von beidem, Kind und Beruf, werden im Laufe ihrer Laufbahnen in einer immer noch benachteiligenden Arbeitswelt arg gebeutelt. Berufstätigkeit und der Wunsch nach Familie lassen sich schwer vereinbaren – immer noch. Der Anteil der Akademikerinnen, die mit 40 (noch) keine Kinder haben, beträgt 40 %. Bekam eine Frau 1980 mit durchschnittlich 25 Jahren ihr erstes Kind, ist das Alter für die erste Geburt inzwischen auf 30–31 Jahre gestiegen. Die Statistiken zur Inanspruchnahme repoduktionsmedizinischer Hilfe sind mehrdeutig. Zum einen, weil manche, insbesondere homosexuelle, Paare oftmals inoffizielle Wege bei der Realisierung ihres Kinderwunsches gehen (müssen), zum anderen, weil viele Statistiken von den Kliniken selbst herausgegeben werden. Diese stehen unter wirtschaftlichem Druck und sind darauf aus, möglichst viele Erfolgsmeldungen zu veröffentlichen. Es wird also oft nicht genau erfasst, wie lange Paare in Behandlung bleiben, wie viele Versuche sie unternehmen, wann sie pausieren oder wieder einsteigen. Wenn man der Statistik über die Anzahl der begonnenen Kinderwunschbehandlungen in der Schweiz zugrunde legt, lässt sich feststellen, dass sich die Anzahl der Inanspruchnahme seit 2006 verdoppelt hat. Das würde für Deutschland bedeuten, dass es ca. 500 000 erfasste Fälle gibt. Zählt man die oben erwähnte Dunkelziffer hinzu, erhöht sich die Zahl noch einmal drastisch. Die Tendenz ist stark steigend, und wer sich mit dem Thema befasst, stellt schnell fest, dass Kinderwunschbehandlung ein gigantischer Markt im medizinischen Spektrum ist.

Kinderlosigkeit bedeutet nicht immer eine freie Entscheidung

Wie viele weitere Paare jahrelang auf Kinder warten und nichts unternehmen, entzieht sich der Messung. Nach durchschnittlich zwei bis drei Jahren ohne Erfüllung des Kinderwunsches auf natürlichem Weg begeben sich die Paare in medizinische Obhut, und bei entsprechender Diagnose beginnt eine Zeit z. T. schmerzhafter Prozeduren, seelischer Anspannung, weiter Wege und oft enttäuschter Hoffnungen. Je nach Budget und Leidensfähigkeit versuchen Paare bis zu zehn oder mehr »Durchgänge« auf dem Weg zum Wunschkind. In dieser Zeit wollen gleichzeitig gesellschaftliche Verpflichtungen wahrgenommen, wollen berufliche Perspektiven entwickelt, fortgeführt und / oder geplant werden, während man mit einer Nichterfolgsquote von 40 % zurechtkommen muss und die Wahrscheinlichkeit, ein Baby erwarten zu dürfen, bei jedem einzelnen Versuch deprimierend gering zu sein scheint.

Kinder machen Sinn

Babys sind mehr als Produkte, mehr als Mensch gewordene Träume. Sie sind das Leben selbst. Auf dieses unbezahlbare, wunderbare Geschenk kampflos zu verzichten, zu sagen »dann eben nicht!«, scheint unvorstellbar, wenn der Kinderwunsch einmal spürbar geweckt ist. Paare gehen solche Phasen gemeinsam an, und wer sonst sollte die Achterbahnfahrt der Kinderwunschzeit verstehen, liebevoll begleiten, Enttäuschungen immer souverän auffangen und aufmuntern, wenn nicht der Partner? Es ist ja sonst niemand so nahe am Thema dran. Der Partner/die Partnerin ist Leidensgenosse, Verschworener, Kumpel, Clown, Trösterin in einer Person. Und gleichzeitig will da eine Liebe gepflegt werden, will Partnerschaft gelebt, will Sexualität zelebriert oder zumindest am Leben gehalten werden. Diese Fülle von Ansprüchen überfordert viele Beziehungen. Die Liebenden verpassen den Moment, in dem zwischen ihnen in all der Spannung etwas reißt. Noch bevor diese Stelle erreicht ist, will dieses Buch ansetzen.

Vater, Mutter, Kind: Familie

»One and one is two, two is me and you.
Two plus one is three, three is family.«

So einfach, wie es in Popsongs vermittelt wird, ist das Gründen einer Familie bei Weitem nicht. In Wirklichkeit gehorchen die elementaren Lebensentscheidungen heute so vielen äußeren Zwängen wie selten zuvor. Ein beruflicher Werdegang soll geplant, Jugend will ausgiebig genossen werden. Zwischen Praktika, länger werdenden Fahrten zum Ausbildungsort und Auslandssemestern bleibt einfach keine Zeit für Kinder. Allein die Auswahl des passenden Partners ist heute eine anspruchsvollere Aufgabe und wird viel später im Leben begonnen, als das noch vor einigen Jahrzehnten der Fall war. Den Partner fürs Leben möglichst zum richtigen Zeitpunkt zu finden, ist ein Wunsch, der aus der Menschheits- und Ideengeschichte nicht wegzudenken ist. Früher oder später, zunehmend phasenweise und immer häufiger dauerhaft, treibt Männer und Frauen die Sehnsucht nach der »zweiten Hälfte« um. Die große Liebe zu finden, wird äußerlich immer leichter, in Wirklichkeit aber immer schwieriger. Dating-Börsen und fallende konventionelle Grenzen suggerieren, dass jeder die Chance hat, den Menschen zu finden, der »passt« – aber unsere Lebenswirklichkeit spricht dagegen. Die Zahl der Singles auch. Wer dann seinen Lebensmenschen gefunden hat, wünscht sich in der überwiegenden Zahl auch Kinder. Doch was für die Partnersuche gilt, gilt auch für den Kinderwunsch: Oberflächlich scheint der Weg zum Wunschkind einfacher zu werden, in Wirklichkeit wird er immer schwieriger. Bis Paare nämlich zusammenfinden, sind sie im Schnitt zehn Jahre älter als in der Generation ihrer Großeltern.

»Wie jetzt?«

Wer trotz »unbegrenzter Möglichkeiten« das Ziel nicht erreicht, muss wohl selbst schuld sein, oder? Macht man etwas falsch, wenn man in einer Welt unbegrenzter Möglichkeiten die scheinbar einfachsten Dinge nicht hinbekommt?

Was diese Phase des Wartens, Hoffens, Leidens und Bangens allerdings für die betroffenen Männer und Frauen in Partnerschaften bedeutet, bleibt immer noch viel zu wenig beachtet. Was wird aus der Liebe, wenn Lebensträume sich weigern, in Erfüllung zu gehen? Wie gehen Paare in der Warteschleife mit sich, dem anderen, der Familie und der eigenen Sexualität und Liebe um?

Verwegene Fragen: Wozu eigentlich Kinder?

In Astrid Lindgrens Buch »Ferien auf Saltkrokan« bekommt Tjorven, die kleine Protagonistin, ein Seehundbaby geschenkt. In Liebe zu dem putzigen Tierchen erblüht, will sie es nicht mehr hergeben. Ihr Vater sieht das anders und rechnet seiner Tochter vor, welche Aufwendungen nötig sind, um den Heuler mit Milch und Heringen großzuziehen. Tjorven gibt ihrem Vater eine Antwort, die auch bei der Frage »Warum wir Kinder wollen« interessant sein kann. »Wenn man ein Kind bekommt, dann redet man doch auch nicht gleich davon, wie viel Milch man braucht, um es großzuziehen.« Dieses Argument überzeugt den Vater. Er versteht, dass es bei der Liebe zu diesem Tier um mehr geht als um Geld, Arbeit und materielle Unterstützung. Liebe ist ein Wert an sich. Auch bei der aktuellen Diskussion um Familien werden oftmals Geld und bessere Bedingungen als Voraussetzung für das Leben mit oder ohne Kinder ins Feld geführt.

Nicht für Geld und gute Worte

Für Paare, die sich Kinder wünschen, aber keine bekommen, ist die materielle Versorgung das kleinste Problem. Das finanzielle Argument klingt für sie wie Hohn. Sie würden auf vieles verzichten und als Erstes auf Geld, um ihren Traum wahr zu machen. Anfänglich noch liebevoll unterstützt von wohlmeinenden Verwandten und Freunden, wandelt sich im Laufe vieler erfolgloser Monate und Jahre die geteilte Baby-Euphorie in kritische Rationalität. Hieß es bei der ersten Erwähnung des Kinderwunsches noch »Wie schön! Dann seid ihr bald Eltern«, wandelt sich die Begleitung über die Monate in empathische Aufmunterung: »Haltet noch ein bisschen durch. X und Y hatten die Hoffnung auch schon aufgegeben. Und heute haben sie Zwillinge!« Irgendwann aber, nach längerer Leidenszeit, mehren sich die kritischen Stimmen: »Warum tut ihr euch das an? Lasst doch der Natur ihren Lauf. Gebt den Kinderwunsch auf, dann wird es schon klappen.« Warum geben Menschen den Kinderwunsch nicht einfach auf, wenn er zur Quälerei wird? Warum müssen sie sich früher oder später anhören, dass sie mal locker lassen, dass sie sicher auch ohne Kinder glücklich würden und dass ein Leben auch ohne Kinder Sinn mache? Paare sind nach jahrelangen vergeblichen Versuchen am Rande ihrer Kräfte und in der Not, der Welt begreiflich machen zu müssen, warum es für sie ein unaufschiebbares Lebensthema ist, das Kinderkriegen. Und dabei stoßen sie oft auf Unverständnis. Ihnen werden erst eine Menge Verständnis und Liebe entgegengebracht, irgendwann aber oftmals Egoismus und Verbissenheit vorgeworfen. »Das wird ja zum Ego-Trip mit eurem Kind!« (Insbesondere dann, wenn die Interessen der Betreffenden berührt sind. Wer zum 60. Geburtstag der Eltern nicht kommen kann, weil er zyklusbedingt in die Klinik muss, erntet selten Verständnis.)

Natur und Kultur

Gleichzeitig und entgegen der medizinischen Machbarkeitsparolen postuliert die Gesellschaft den Grundsatz von der »Natürlichkeit« der Dinge und Vorgänge. Das Schwangerwerden, das Muttersein, das Vatersein, alles ganz »natürlich«: Man solle »loslassen«, dann regle sich alles von allein. Einerseits soll es natürlich sein, Kinder zu bekommen, andererseits soll man sich entspannen und aus dem Kinderwunsch kein Drama machen. Gleichzeitig winken technische Möglichkeiten ebenso wie medizinische Omnipotenz und bieten Hilfe bei der Wunscherfüllung an. Das kann Paare in Verwirrung und Resignation stürzen. Wie sehr darf man wünschen, wann wird Hoffnung zur fixen Idee?

2. Über die Natürlichkeit von Kindheit und Elternschaft

Kinder, Eltern und Familie: Wovon sprechen wir hier eigentlich?

Kinder, Elternschaft und Familie: Die Worte, mit denen wir in ihrem Zusammenhang umgehen, kommen uns selbstverständlich und »natürlich« vor. Wir verwenden sie automatisch und ohne nachzudenken. In diesem Abschnitt soll geklärt werden, woher die Begrifflichkeiten kommen, mit denen wir hantieren, wenn wir vom Wunsch nach Kindern sprechen. Das ist wichtig, weil vielen Paaren nicht bewusst ist, warum sie sich so sehnsüchtig nach einem Kind verzehren. Es geht beim Wunsch nach einem Kind nämlich weder um Geld noch um Willensstärke oder Selbstverwirklichung allein, sondern um tiefe Gefühle. Diese ernst zu nehmen und anzuerkennen kann helfen, sich als Paar mit Kinderwunsch besser in einer Umwelt zu behaupten, die immer noch davon ausgeht zu wissen, was natürlich und selbstverständlich, was rational und irrational ist. Dass auch Gefühle eine Entstehungsgeschichte haben und einer inneren Logik folgen, die durch Kultur und Gesellschaft geprägt ist, hilft dabei, sie besser in den Griff zu bekommen. Insofern lohnt sich ein sachlicher Blick auf scheinbar natürliche Emotionen. Was wir heute als »natürlich« bezeichnen, hat im Laufe der Menschheitsgeschichte etliche Wandlungen erfahren. Wer verstehen will, warum es Menschen überhaupt traurig machen kann, wenn der Wunsch nach Elternschaft unerfüllt bleibt, muss sich mit der Frage beschäftigen, wozu wir Kinder eigentlich wollen. *Wozu?* Ist das eine moralisch vertretbare Frage? Haben Kinder denn einen Zweck? Eine Funktion? Oder sind sie nicht vielmehr der Wunsch des Lebens nach sich selbst, dem eigenen Sinn und Fortbestand?

Vorprogrammierter Kinderwunsch?

Ist der Wunsch nach Kindern, ebenso wie die Möglichkeit der Reproduktion, nicht ein elementarer, archaischer, der in jedem Menschen angelegt sein sollte wie der Trieb nach Sexualität? Hier müssen wir uns klar werden: Gibt es derartige Grundeinstellungen für Reproduktion in Fürsorge innerhalb der menschlichen Natur, oder ist es vielmehr unsere Kultur, die uns nahelegt, dass wir uns fortpflanzen wollen – und sollen? Wenn wir begreifen wollen, was Kinder für unsere Biografie bedeuten, müssen wir außerdem auch die Definitionen von Elternschaft selbst schärfen. Welchen Stellenwert und welche Funktion haben Kinder in unserem Leben? Was sollen sie, was wollen sie in unserer Welt?

Dass die Frage nach dem Zweck überhaupt zulässig ist, verdanken wir gesellschaftlichen Veränderungen, deren Konsequenzen uns oftmals nicht bewusst sind. Kinder spielen in unserem Leben heute eine völlig andere Rolle als noch vor einigen hundert und auch fünfzig Jahren. Es ist eben nicht mehr unvermeidbar, früher oder später im Leben Eltern zu werden. Es ist kein gottgegebener Zufall mehr, wann wir schwanger werden und ob unsere Kinder das erste Jahr überstehen. Wir sind diese Sicherheit gewohnt: Unsere Kinder überleben heutzutage. Das ist glücklicherweise inzwischen die Regel, und unsere Nachkommen werden vor unseren Augen groß, sogar unsere Enkel und Urenkel lernen wir meistens kennen. Das war nicht immer so. Noch vor wenigen Generationen war Kindersterblichkeit ein großes Thema, die Lebenserwartung lag zehn Jahre niedriger als heute. Dass das die Sicht auf Elternschaft verändern muss, leuchtet ein. Was für uns gesellschaftliche Realität und Normalität geworden ist, gestaltete sich vor Jahrhunderten und Jahrtausenden noch vollkommen anders. Auch wie wir über das Phänomen »natürlicher Elternschaft« denken, hat sich in der Menschheitsgeschichte langsam entwickelt.

Gegenwartseltern

Bei unseren Vorfahren, die vor zwölf- bis zehntausend Jahren in noma-
disierenden Sippen zusammenlebten und bestenfalls saisonal sesshaft
waren, bildeten Kinder eine unvermeidbare, nicht weiter thematisierte
Lebenskonstante. Sexualität und Kinder waren untrennbar verbunden.
Wer Sex hatte, bekam Kinder. Früher oder später passierte es in aller
Regel. Kinder kamen auf die Welt, wann immer sie wollten, und sie
gingen oft sehr früh wieder. Eltern wurden im Schnitt gerade einmal
30–35 Jahre alt, von zehn Kindern erlebten nicht einmal fünf ihren
zehnten Geburtstag. Die Sterblichkeit war enorm, das Durchschnitts-
lebensalter niedrig. Es war gut und notwendig, dass viele Kinder geboren wurden, die den Stamm bereicherten, mitarbeiteten und den Älteren in späteren Lebensphasen Schutz und Sicherheit boten. Je größer
die Sippe, desto größer war ihre Überlebenschance. Oftmals kümmerten sich nahe Verwandte ebenso um die eigenen wie um die Kinder der
Angehörigen. Lebensgemeinschaften waren nicht so klar geregelt, wie
das heute der Fall ist, man lebte im Verbund, Elternschaften wechselten
sich ab. Die biologische Herkunft spielte eine weniger herausragende
Rolle als heute. Schließlich konnte man sie auch nicht überprüfen. Die
Frage, wessen Kind das nun ist, das vor der eigenen Tür herumkrab-
belte, die Frage nach Abstammung und Herkunft gewann erst mit der
Sesshaftwerdung des Menschen, ca. 5000 v. Chr., an Bedeutung. Grund
und Besitz wollten erhalten und weitergegeben werden. Dieses Besitz-
denken erstreckte sich auch auf Partnerschaften bzw. Lebensgemeinschaften. Feste Lebensbande wurden aus pragmatischen Gründen geschlossen, nicht aus Liebe. Dieser Begriff war damals noch ganz anders
definiert. Gleichwohl veränderte die »Familie« den Blick auf Kinder.
Es war nun gar nicht mehr unerheblich, wen man mit durchfütterte
und wer nun ein leibliches Kind war und wer nicht. Mit einer begrenzten Menge an erwerbbarem und verfügbarem Besitz wurde eben
auch rationiert, wer was und wie viel davon bekam. Eltern verbrachten
mehr Zeit mit weniger Kindern. Von einer Kindheit im Sinne eines

begrenzten und beschützten Lebensabschnitts konnte man dennoch nicht sprechen. Kinder sollten sich so schnell wie möglich in der Welt der Erwachsenen nützlich machen. Forscher fanden jungsteinzeitliche Knochen von sechsjährigen Kindern, die mithilfe rekonstruierender Verfahren erkennen ließen, dass diese kleinen Menschen auffallend muskulös waren. Sie haben gearbeitet. Arbeit und Spiel waren damals noch keine getrennten Begriffe, Kinder »liefen« eben »mit«. Sie versuchten, sich möglichst viel abzuschauen, damit sie alsbald für sich selbst sorgen konnten. Kindheit war ebenso wenig ein Begriff wie Elternschaft oder Mutterliebe. So blieb das im Prinzip viele Jahrhunderte lang. Wie hätte es auch anders sein können? Wenn man selbst nur auf eine geringe Lebenserwartung hoffen durfte, sah man in erster Linie zu, selbst zu überleben. Wer als Frau keinen Einfluss darauf hatte, ob und wie häufig man schwanger wurde, und nie vorhersagen konnte, ob man selbst oder das Kind auch nur die ersten Wochen nach der Geburt überlebte, konzentrierte sich in seinen Handlungen aufs Wesentliche. Die Gegenwart zählte. Der Fokus lag auf dem Überleben, nicht auf dem Leben. Und schon gar nicht auf dem bewussten Leben, womöglich für Kinder. Deren Aufgabe war es, durchzukommen und möglichst bald mitzuhelfen. Natürlich galt das nicht zu allen Zeiten für alle Menschen. Mit der Umverteilung von Besitz entstanden gesellschaftliche Schichten. Bei vermögenden Leuten mit besseren Lebensumständen lebten die Eltern und Kinder länger, ergo befasste man sich auch intensiver mit deren Aufwachsen.

Zukunftseltern

Die Vorstellung, dass Kinder nichts als kleine, hoffentlich rasch »fertige« Erwachsene seien, hielt sich bis in die frühe Neuzeit. Erst mit dem Humanismus und schließlich mit der Aufklärung und dem Bewusstsein, dass Kinder form- und prägbar seien, dass die Investition in Bildung und Erziehung letzten Endes im Erwachsenen Früchte tragen würde, setzte sich langsam und vorerst auch nur in gebildeten und wohlhabenden Schichten ein verändertes Bewusstsein durch.

Leicht verbesserte Lebensbedingungen, Fortschritte in Medizin und Forschung halfen zunehmend dabei, Eltern und Kindern mehr Zeit miteinander zu verschaffen. In seine Nachkommenschaft zu investieren, lohnte sich nun. Die Kinder sollten etwas lernen, um etwas zu werden. In dem Moment, in dem Kinder zum Zweck der Bildung gar das Haus verließen, Ausbildungen anfingen oder etwa Fertigkeiten wie Lesen und Schreiben erwarben, war akzeptiert, dass Kindheit eine eigene Lebensphase ist und Kinder Individuen mit eigenen Bedürfnissen und Ansprüchen darstellten. Die Kindheitsphase wurde zur Erziehungs- und Lernphase. Mit der Industrialisierung und dem Beginn der Trennung zwischen Arbeitswelt und Privatem gliederte sich auch das Terrain der Familien, jedenfalls, was die Mittelschicht anging, noch einmal auf. Wo früher alle zusammen unter einem Dach gelebt und gearbeitet hatten, verließ nun zumeist der Vater morgens das Haus, und Mutter und Kinder blieben im häuslichen Bereich zurück. Wer zur besseren Gesellschaft gehören wollte, sorgte dafür, dass die Frau und die Kinder nicht außer Haus arbeiten mussten. So formierte sich die Mutterschaft noch deutlicher als Frauenaufgabe, wenn auch meist in sehr abstrakter Weise, denn die Mütter kümmerten sich mitnichten immer persönlich um die Kleinen. Mit dem Wissen, dass es durchaus nicht gleichgültig sei, wie, wo und auf welche Weise die Kinder ihre Zeit verbrachten, kristallisierte sich eine Erziehungs- und Versorgungsverantwortung für die Mütter heraus. Ihre Aufgabe war es, aus diesen Kindern Erwachsene zu formen, die es einmal besser haben sollten. Sie betreuten ihre Kinder durchaus nicht immer selbst, sondern leisteten sich von Ammen bis Nannies, von Kindermädchen bis Gouvernanten einen Stab von Hilfspersonal bei der Erziehung der Kinder. Natürlich galt dies nur für die oberen Schichten. Das verband sie in exklusiver Verantwortung mit ihren Kindern. Der Begriff der Mutterliebe war geboren. Zusammen mit dem Anspruch, dass Ursprünglichkeit und Natürlichkeit dem Wesen des Menschen am meisten entsprächen, wie Rousseau es postulierte, überlagerten sich die Begriffe »Mütterlichkeit« und »Natürlichkeit«. Dem unmoralischen, entfremdeten Treiben in der erwachsenen Welt wurde die natürliche Unschuld des Kindes gegenübergestellt, die es, insbesondere durch die Mütter, zu schützen galt. Eine Mutter hatte ihre Kinder zu hegen, vor der Welt in Sicherheit zu bringen und ihre Einzigartigkeit zu erkennen und sie zu bewahren, kurz: sie zu lieben. Zwei Dinge blieben dabei außen vor: Einmal die Tatsache, dass nur wohlhabende Menschen sich Mutterliebe in dieser speziellen Definition leisten konnten, denn arme Leute ließen ihre Kinder allein, weil sie arbeiten mussten, oder nahmen sie mit, vertrauten sie Nachbarn oder Verwandten an. Dass zweitens auch ein Vater seine Kinder nicht nur zu mögen und zu akzeptieren, sondern regelrecht zu lieben habe, ist ein relativ neuer Anspruch, der erst in den 1970er-Jahren mit der Frauenbewegung Einzug in viele Familien gehalten hat. Niemand will hier infrage stellen, dass Mutter- und Vaterliebe sich auf das Gedeihen kleiner Menschen positiv auswirken. Diese Annahme ist unbestritten. Ob Mutterliebe und Vaterliebe aber natürliche, gar genetische Grundeinstellungen sind, wird inzwischen in allen einschlägigen Wissenschaftszweigen bezweifelt.

Elternschaft seit 1900: Vergangenheitskindheit

Im Laufe der Menschheitsgeschichte wurde aus Kindheit erst eine Gegenwartskindheit (»Kinder sind einfach da«) und über die Jahrhunderte eine Zukunftskindheit (»Kinder sollen es einmal besser haben«). Heutige Kindheiten sind, der Verbreitung der Psychologie seit dem 19. Jahrhundert sei Dank, außerdem auch Vergangenheitskindheiten (»Kinder erinnern uns an unser eigenes Kindsein«). Damit wuchs auch das Bewusstsein darüber, was und welche Vorkommnisse Kindern schaden, was Eltern im Sinne der seelischen Gesundheit zu tun und zu lassen hätten, oder positiv gesprochen: welche Potentiale sie in ihren Kindern entfalten könnten. Menschen wie z. B. Maria Montessori trugen dazu bei, diese Aspekte hervorzuheben und zu etablieren. Sie war eine derjenigen, die Erkenntnisse von Medizin und Wissenschaft in Strukturen brachte, die sich in bestimmten Gesellschaftskreisen relativ schnell verbreiteten. Montessori und andere bereiteten damit den

Boden für kindgerechte Erziehung. Eltern erhielten mehr Informationen über das, was Kindern gut oder schlecht bekommt. Sie erhielten Verantwortung. Familie ist mit der Industrialisierung und der Teilung der Bildungs-, Arbeits- und Privatwirklichkeiten, salopp gesprochen, zur persönlichen Liebhaberei von Paaren geworden. Der eigenen Entscheidung wird überlassen, ob es sie geben soll oder nicht. Kinder kann man seit der Verbreitung effektiver Verhütungsmethoden ebenfalls bekommen oder auch nicht, je nach Wunsch. Heute sind Sexualität und Reproduktion voneinander unabhängig. Erst bei Paaren mit (unerfülltem) Kinderwunsch erhalten sie wieder einen untrennbaren Zusammenhang. Niemand aber wird in unserem Kulturkreis mehr verstoßen, weil er ohne Kinder leben will; und wer sich für ein Leben mit Kindern entscheidet, entscheidet sich auch dafür, sich nicht nur stets dem Besten für die Kinder zu verpflichten, sondern auch der eigenen Kindheit immer wieder zu begegnen. Seit Kinder keine unvermeidbare Tatsache mehr sind, kein Grund für »Muss-Ehen«, keine zwangsläufige Altersvorsorge, geht alles, was in den Familien passiert, automatisch auf das Konto der verantwortlichen, entscheidenden Eltern.

Projekte der 2000er-Jahre: Ideelle Elternschaft

In der Konsequenz bildete sich spätestens seit Verbreitung der Pille als zuverlässiges Verhütungsmittel die ideelle Kindheit heraus. Die Idee vom Kind entstand. Mit der Idee, wann man Eltern werden will, hat das Kind als gedankliches Projekt bereits die Familie gegründet, sie betreten. Ab diesem Zeitpunkt ist die Entscheidung irreversibel. Wenn ein Paar beschlossen hat, »wir wollen ein Kind«, treten beide nur in besonderen Ausnahmefällen je davon zurück. Der Plan, wann Elternschaft eintreten soll, verändert die Einstellung zum Vater- und Muttersein. Zusätzlich zu den Elementen der Gegenwartskindheit (»Nun ist das Kind da und bringt mich an meine physischen und psychischen Grenzen«) und der Zukunftskindheit (»Wie fördere ich mein Kind am effektivsten, damit es sich optimal entfalten kann?«) gesellen sich Elemente der Vergangenheitskindheit (»Wie bereite ich meinem Kind eine

Lebenswelt, die ich selbst gerne gehabt hätte, wie vermeide ich psychische Belastungen und Schäden beim Kind?«). All das wird bereits im Vorfeld überlegt. In welche Kita soll mein Kind? Muss ich es schon bei den Zeichen einer Schwangerschaft anmelden? Wie soll es heißen? Wo werden wir wohnen? Wie gestalten wir unsere beruflichen Laufbahnen? Was für eine Art von Eltern wollen wir sein? Wann ist überhaupt der beste Zeitpunkt für ein Kind? Was soll aus unserem Kind werden? Wie können wir dafür sorgen, dass es von Anfang an beste Bedingungen vorfindet?

Projektelternschaft

Es sind genau diese Fragen, die Elternschaft heute zum Projekt machen. Ein solcher Projektcharakter macht vieles planbar. Doch Planbarkeit sieht keine Abweichungen und schon gar keine Nichterfüllung vor. Wenn ein Plan nicht aufgeht, ist er gescheitert, man kann dieses Scheitern dann nur schwerlich aufs Schicksal schieben, schon gar nicht in einer Zeit, in der medizinisch alles machbar scheint. Ein Projekt braucht Kontrolle, aber Schwangerschaft ist nicht kontrollierbar. Das Kind ist im Herzen schon da, es hat Gestalt und einen Namen und will sich trotz aller Mühe oft nicht materialisieren. Von einer Idee Abschied zu nehmen ist schwieriger, als einen Menschen zu betrauern. In diesem schrecklichen Dilemma stecken die Paare, von denen im Buch die Rede sein soll. Sollte man sich diesem Dilemma nicht einfach durch Verweigerung entziehen?

Diskussion ohne Argumente: Über die Macht irrationaler Entscheidungen

Derzeit will ein nicht unbeträchtlicher Anteil der Paare zwischen 18 und 48 Jahren keine (weiteren) Kinder. Viele warten auf den richtigen Zeitpunkt, andere verzichten ganz. Sie klagen darüber, dass der Staat keine kinderfreundlichen Voraussetzungen schaffe. Sie argumentieren, sie hätten Angst, in diese Welt voller Umweltbedrohungen, Kriege und Gewalt Kinder zu setzen. Manche Eltern, die schon ein Kind haben, fürchten gar, das Glück, das sie beim ersten, gesund und munter geborenen Kind hatten, durch einen weiteren Versuch herauszufordern. Das klingt kompliziert. Sich in diesen Argumentationswirrwarr zu begeben erfordert Rückgrat. Sind Kinder in jeder Form ein irrationales Risiko? Welche Rolle spielen Ängste und uralte Wertvorstellungen?

Mutprobe Kind

Kinder und das Leben in Familie als Idee auch nur zu akzeptieren, ist vor diesem Hintergrund geradezu zur Mutprobe geworden. In einer Gesellschaft, in der man sich der Illusion hingeben will, bald unsterblich werden zu können, in der man in guter Gesundheit uralt werden kann, wenn man nur auf sich achtet; in einer Gesellschaft, in der Leid, Tod, Armut, Qual, Langeweile und Mühsal vermeidbar scheinen und in der diejenigen materiell belohnt werden, die konstant ihre maximale Arbeitskraft zur Verfügung stellen, ist der Gedanke an so etwas Irrationales wie eigene Kinder fast verwegen. Kinder konfrontieren uns nämlich damit, dass wir älter werden und sterben müssen. Das Alter der Kinder erinnert uns immer wieder an unser eigenes Alter. Sie bedeuten Einschränkungen und oftmals Eintönigkeit in alltäglichen Routinen. Wer mehrere Kinder hat, weiß, dass Windeleimer irgendwann zu einem ständigen Schrecken werden. Man gewöhnt sich daran, dass sie immer voll und unappetitlich sind, und findet es doch immer wieder schauderhaft. Es kann durchaus öde sein, mehrere Jahre zu Hause fernzusehen, während andere Paare ausgehen oder Urlaub machen. Kinder bedeuten, dass man sich in der Regel für einen Partner entscheidet und mit diesem viel länger durchhält, als man das ohne Kinder müsste. Kinder bedeuten Verantwortung und Sorge, ständiges Zurückstellen eigener Bedürfnisse, und nicht zuletzt bedeuten sie für Frauen immer noch einen tiefen, dauerhaften Knick in ihrer beruflichen Laufbahn. »Beides«, Kind und eine interessante, einträgliche und erfüllende Berufstätigkeit, kann man, zumindest in Deutschland, in aller Regel nicht haben. Familien haben weniger Geld zur Verfügung und weniger Zeit für vergnügliche Dinge des Lebens. Man findet schlichtweg keine rationalen Gründe für Kinder, wenn man deren zugegebenermaßen abstrakten volkswirtschaftlichen Nutzen außen vor lässt.

Eltern sind Überzeugungstäter

Wer sich also gegen alle diese Widerstände und in aller Irrationalität für Kinder entscheidet, der meint es ernst. Der will es richtig machen. Der lässt nicht einfach irgendwann einmal die Verhütung weg und »es darauf ankommen«. Wer sich bewusst für Kinder entscheidet, der macht sich klar, dass er eine emotionale, philosophische oder spirituelle, keinesfalls aber eine rationale Entscheidung getroffen hat. Für sie muss man selbst und notfalls allein geradestehen. Paare, die ein Kind wollen, müssen planen. Sie wählen sorgfältig den besten Zeitpunkt. Ganz früh, mit Anfang zwanzig, möchte fast niemand bewusst Kinder bekommen. Die Partnerschaft ist vielleicht noch nicht gefestigt, das Einkommen gering. Die persönliche Reife ist im Alter der größten Fruchtbarkeit meist noch nicht einmal ausreichend für langfristige Pläne mit einem Partner, geschweige denn für ein Kind. Ganz früh entscheiden sich meistens Menschen mit (noch) niedrigem Bildungsstand für Kinder, Schwangerschaften sind in diesem Alter oft ungeplant und läuten eine wechselvolle, turbulente Zeit für die Beteiligten ein. (Ausnahmen bestätigen selbstverständlich die Regel, und viele sehr junge Eltern sind großartige Eltern.) Später kommt dann in der Planung vielleicht eine Ausbildung dazu, ein Studium, ein Start ins Berufsleben, das womöglich auch noch Mobilität verlangt. Qualifikation und Weiterbildung verschieben weiter den Wunsch nach eigenen Kindern ins höhere Lebensalter. In Windeseile ist man Ende zwanzig, Anfang dreißig. Aus dem diffusen »irgendwann einmal« wird ein »vielleicht demnächst«. Und wenn dieses »demnächst« eingetreten ist, sprechen Ärzte schon von »späten Erstgebärenden«. Gleichzeitig wächst der Druck der Familien, die Wohnsituation will geklärt werden, Männer stehen auf der Stufe zum nächsten Karriereschritt, Frauen zögern oft, weil sie die Kinder-Option mit sich herumtragen und dem Mann (automatisch) den

Vortritt lassen. Leichter wäre es da, einfach auf Kinder zu verzichten. Wirklich?

Entgegen aller Widerstände: Was ist das Tolle am Leben mit Kindern?

Was ist es nun, das Paare diesen schwierigen Weg gehen lässt? Warum wünschen sie sich Kinder? Wer genau diesen Satz in die Google-Suchmaschine eingibt, erhält Hunderte von Ergebnissen, bei denen erklärt wird, warum Paare eben keine Kinder wollen. Doch es gibt Ausnahmen: Einige Seiten für junge Eltern führen putzige Anekdötchen mit kleinen Kindern als überzeugende Gründe an. Diese kleinen Geschichten klingen wie ein sich trotzig aufbäumender Trost für überdrüssige Jungeltern. Babykleidung auszusuchen und nasse Küsse zu erhalten, Geschichten vorzulesen oder an einem frisch gebadeten Baby zu riechen, sind keine hinlänglichen Gründe, warum Paare sich Kinder wünschen. Sie wollen kein putziges Haustier, kein Püppchen zum Anziehen, sondern sie wünschen sich eine Aufgabe fürs Leben. Was also sind die tieferen Gründe?

Ein Plädoyer für die Unvernunft

Da ist zum einen das schöne und unvergleichliche Gefühl, jemanden täglich um sich zu haben, der einem ähnlich sieht und ähnlich ist. Jemanden, der uns daran erinnert, wie wir waren und was wir empfunden haben, damals, als wir selbst so klein waren. Viele wollen den eigenen Kindern die Liebe weitergeben, die sie selbst erhalten haben. Andere wollen dem Nachwuchs eben die Liebe geben, die sie selbst zu wenig erfahren durften. Sie wollen die Mutter, der Vater sein, den sie sich gewünscht hätten. Fürsorge für Kinder ist auch Fürsorge für sich selbst und das Leben. Einem anderen seine Liebe bedingungslos, dauerhaft und unerschöpflich zu schenken, ohne dass jemand bremst oder eine Gegenleistung will, ist ein spiritueller Gedanke voller Großzügigkeit. Wir wollen vielleicht Kinder, weil wir unsere Familie mögen und uns wünschen, sie möge fortbestehen. Wir wollen vielleicht unser

Zusammenleben bereichern, unser Geld und unseren Wohnraum teilen. Manche Paare wünschen sich ein Quentchen Anarchie in ihrer geordneten Welt. Frei nach Nietzsche: »Man muss einen Funken Chaos in sich tragen, um einen tanzenden Stern gebären zu können.« Wir wollen, dass das Leben weitergeht. Wir wollen Verantwortung übernehmen, Pflichten erfüllen, für andere da sein, unsere Verlässlichkeit unter Beweis stellen. Wir wollen als Erwachsene für die nächste Generation sorgen. Wir wollen unserem Partner oder unserer Partnerin etwas schenken. Wir wollen von »Mann und Frau« aus noch weiter gehen und uns durch »Vater und Mutter« zu unserer Partnerschaft bekennen. Wir möchten die Gesellschaft bereichern, vielleicht zu der Gruppe der »Eltern« gehören und deren Lebensstil teilen. Wir wollen eine Aufgabe im Leben haben, einen Sinn. Wollen uns gebraucht und geliebt fühlen. Wir wollen für etwas stehen und unsere Werte weitergeben. Wir wollen einen Platz in der Geschichte, wenn es auch nur die Geschichte der eigenen Tochter, des eigenen Sohnes ist. Nicht vergehen und vergessen werden, sondern weiterleben. Nicht zuletzt wollen wir das Wertvollste verschenken, was es gibt: Leben. Einem kleinen Wesen das Leben zu schenken und das Versprechen zu geben, dieses bedingungslos zu achten und zu schützen, ist ein spiritueller Akt, ein unumkehrbarer Lebensentschluss. Er erfordert Mut, Opferbereitschaft und Urvertrauen. Daran ist nichts Egoistisches, nichts Kleinliches, nichts Eigennütziges oder Verkrampftes. Wer also etwas schenken will und das nicht darf, hat alles Recht der Welt, traurig zu sein.

3. »Wann ist es denn bei euch so weit?«

Nichten, Neffen, Kinderwagen: Familiensysteme

Mit unseren Wünschen und Sehnsüchten sind wir nicht allein auf der Welt. Unsere Ziele, Hoffnungen und Werte sind in der Zeit unseres Heranwachsens entstanden, und trotz aller Autonomie sind wir auch als Erwachsene stark von unserem Zuhause geprägt. In unseren Familien fanden und finden wir Verbünde(te) vor, die uns zu dem gemacht haben, was wir sind, und uns bestenfalls in dem bestärken, was wir wollen. Zwischen Geschwistern, Eltern und Kindern bestehen Bande, die oft ambivalent und meistens sehr eng sind, im Positiven wie im Negativen. Da gibt es Rivalitäten und Rangordnungen, starke Emotionen, alte Konflikte und unaufkündbare Koalitionen. Unbedingte Zugehörigkeiten zählen ebenso zu den Eigenschaften von Familien wie erwartete Loyalitäten und die Trägheit eingespielter Routinen. Nicht vergessen werden sollen auch unterschwellige Animositäten und Widersprüchlichkeiten.

»Seid ihr für uns da?«

Paare, die ihren Kinderwunsch offen kommunizieren, erwarten das Aufgehobensein in vertrauten Familienkonstellationen ebenso selbstverständlich wie Verständnis und Rücksichtnahme. Diese wird ihnen aber nicht in allen Fällen gewährt. Alle Familien freuen sich über Zuwachs, und auch der Weg eines medizinisch unterstützten Kinderwunschs wird in aller Regel zumindest akzeptiert. Rückhalt und Unterstützung werden von allen Seiten in Aussicht gestellt in der Hoffnung, dass der Wunsch bald in Erfüllung gehen möge. »Wir stehen immer an eurer Seite!«, heißt es da. Und die Brüder, Schwestern, Kinder glauben es in der Überzeugung, dass man sich letztes Endes auf nichts und niemanden so verlassen kann wie auf die Verwandten. In der während der Kinderwunschzeit oftmals eingetretenen schleichenden Isolation von alten Freundeskreisen und Bekanntschaften bieten Eltern und Geschwister die Aussicht auf unbedingten Trost und verständnisvolle Gesellschaft.

Zwischen Herumeiern und Vorwürfen: Widersprüchliche Botschaften

Oftmals reichen Geduld und Empathie aber selbst bei Familienmitgliedern nur wenig länger als bei Kollegen oder Bekannten. Schneller als die betroffenen Paare es erwarten, endet die angekündigte Loyalität, versiegt das Verständnis, treten eigene Erwartungen der Verwandten in den Vordergrund. Interessenskonflikte werden offenbar, und das Vorhandensein bzw. die Abwesenheit eigener Kinder gewinnt über kurz oder lang doch an Bedeutung für die eigene Position innerhalb der Familie. Ins Hintertreffen gesetzt, fühlen sich meist die Paare mit Kinderwunsch.

Es versetzt dem Ego einen Stich, wenn sich im Regal der Eltern die Bilderrahmen mit den Babyfotos der Verwandten mehren. Wo bleibt das Bild des eigenen Kindes? Wenn der jüngere Bruder früher Vater wird als man selbst, wenn zu Weihnachtsfeiern und runden Geburtstagen die Eltern nur noch Augen für das süße Enkelchen haben und man selbst wie das fünfte Rad am Wagen am Kaffeetisch sitzen bleibt, während Oma und Opa um die Kleinen rotieren, erhalten kinderlose Paare unfreiwillig einen neuen, deutlich schlechteren Platz im Familiensystem. Die stolze Schwester mit dem teuren Kinderwagen wird unter Umständen zum Objekt des Neides, die Eltern, denen man heimlich schon immer unterstellt hat, den Bruder zu bevorzugen, geraten in den Radar eifersüchtiger Blicke. Selbst wenn man sich längst der Kinderrolle entwachsen wähnt, spürt man plötzlich wieder mit Wucht die Macht elterlicher Erwartungen. Zusätzlich zu den Belastungen durch die Kinderwunschbehandlung oder die Trauer über den nie erfüllten Wunsch nach Kindern kommt nun das Gefühl ins Spiel, den eigenen Platz in der Familie einzubüßen.

Falsche Rücksichtnahme und andere Katastrophen

Nicht alle Verwandten trauen sich, klar und offen über den Kinderwunsch eines Paares zu sprechen. Die Folge sind manchmal indirekte Versuche, die beiden durch falsch verstandene Rücksichtnahme zu schonen oder durch manchmal plumpe Solidaritätsbekundungen zu bevormunden. Klienten erzählten mir einmal eine bezeichnende Geschichte: Er, der Mann, sei von seinem Bruder in Abwesenheit zum Taufpaten bestimmt worden, weil man zwar durchaus wahrgenommen habe, dass dieser auf das Neugeborene seines Bruders nur verhalten freudig reagiert habe, man aber das einst gegebene Versprechen habe einlösen wollen, ihn zum Paten zu machen. Der frisch gebackene Patenonkel erfuhr dann erst über eine Dritte, dass ihm dieses vermeintliche Glück zuteil geworden war. Er fühlte sich verschaukelt und bevormundet. Seine Begeisterung über das Amt des Paten hielt sich deswegen in überschaubaren Grenzen, was wiederum bei den Verwandten nicht gut ankam. So reißt die Kinderwunschphase manchmal tiefe Gräben in ganze Familienverbünde.

Assistierter Kinderwunsch bedeutet eine logistische Meisterleistung, die eine aufwendige Koordination von Terminen und Fahrten zu Praxen und Kliniken umfasst. In der Phase der Fruchtbarkeitsbehandlung müssen Termine auf Tag und Stunde genau eingehalten werden. Trotz des gegebenen Versprechens, alle Wege gemeinsam zu gehen und zu unterstützen, hört die Toleranz vonseiten der Familie dann schon einmal auf. »Na, aber hört mal: Zur Goldenen Hochzeit (zum Geburtstag / zu Weihnachten …) kommt ihr aber doch. So wichtig kann das mit der künstlichen Befruchtung ja nicht sein.« Doch, ist es. Wer das Interesse am eigenen Kind dann in solchen Momenten gegen die Interessen der Familie an einer harmonischen Feier durchsetzt, erntet oft harsche Ablehnung. Schneller als vermutet kommen sie dann auch vonseiten der Familie: die verhassten Sprüche von: »Andere haben auch ein Kind verloren und konnten damit umgehen!« »Warum tut ihr euch das an?« und »Ihr seid ja regelrecht besessen von dem Thema!« »Euch ist alles egal, nur der Kinderwunsch nicht.« Im Niemandsland der Kinderwunschzeit fühlen sich Paare oft durch solche Sprüche zusätzlich attackiert. Wenn diese dann auch noch von den Menschen kommen, von denen man glaubte, dass man sich blind auf sie verlassen könnte, tut das besonders weh.

Nicht alle Eltern, nicht alle Brüder und Schwestern, Opas und Cousinen sind emotional und persönlich reif genug, die Bedeutung der Kinderwunschthematik für das betroffene Paar zu begreifen. Es lohnt den Versuch, das offene Gespräch zu beginnen und klare Worte zu finden. Manchen Eltern mag man diese Offenheit aber vielleicht nicht zumuten oder sie damit überfordern. In diesen Fällen helfen die Kommunikationshinweise aus dem Kapitel »Dünne Haut und starke Sprüche«.

Chancen zum Erwachsenwerden

Die Kinderwunschphase verändert nicht nur die Position des Paares. Sie bringt auch den Mann, die Frau in die Situation, das Verhältnis zur eigenen Herkunftsfamilie zu überdenken. In der Beratung berichtete ein Partner, dass er nach der dramatischen und lebensbedrohlichen Fehlgeburt seiner Frau Hilfe und Trost bei seiner Mutter suchte. Diese reagierte mit dem einzigen Satz: »Aber ihr probiert es doch trotzdem weiter, oder?« Er fühlte sich dadurch so abgewiesen und unverstanden, dass er erst einmal Abstand zu den Eltern suchte. Das brachte ihn, wie er es beschrieb, zu einem »hilfreichen und notwendigen Bruch« mit seiner Familie. In solchen Momenten werden gravierende Unterschiede in den Sichtweisen überdeutlich. Ohne die Kinderwunschphase wäre dieser Bruch nicht in dieser Weise erfolgt oder später eingetreten. Dennoch führen derartige Brüche oft zu Reifeprozessen, welche die endgültige Emanzipation vom Elternhaus einläuten.

4. Wollen Sie noch Kinder? Frauen mit Kinderwunsch und Berufstätigkeit

Lügen erlaubt!

Die Frage eines potentiellen Arbeitgebers nach Lebensplanung und Familienwunsch darf heutzutage von Frauen mit Fug und Recht unwahr beantwortet, eine bestehende Schwangerschaft vor dem künftigen Chef oder der Chefin verschwiegen werden. So viel zu den juristischen Fakten.

Es gibt tatsächlich keinen Grund, weibliche Mitarbeiterinnen wegen einer potenziellen oder bestehenden Schwangerschaft nicht einzustellen oder sie nach der Geburt nur geringfügig zu beschäftigen. Mütter und Frauen mit Familienwunsch sind aus verschiedenen Gründen hervorragende Mitarbeiterinnen, die von besonderem Wert fürs Unternehmen sein können, wenn man gut für sie sorgt. Dazu gehört auch, ihnen bei der Planung ihres Lebens keine Steine in den Weg zu legen. Für viele Frauen wäre es eine große Erleichterung, ihren Kinderwunsch nicht als Extrawunsch anzusehen, sondern als ein sogar volkswirtschaftlich relevantes Ansinnen mit logischer Berechtigung. Solange aber gewünschte Kinder auf einer Stufe mit Luxusgütern oder anderen privaten Begehrlichkeiten gesehen werden, können Frauen kaum selbstbewusst auf das Recht pochen, sich diesen Wunsch auch zu erfüllen. Es macht sehr wohl einen Unterschied, ob man wegen einer Fernreise zusätzlichen Urlaub braucht oder wegen einer Kinderwunschbehandlung. Ein exklusives Hobby verlangt auch viel Zeit, macht die Beteiligten aber nicht gleichzeitig nervlich fertig. Selten rücken Paare ihren Kinderwunsch in die Relevanzkategorie, in die er gehört, nämlich als einen nicht nur wünschenswerten, sondern auch begrüßenswerten und notwendigen Vorgang, der gesellschaftliche Anerkennung verdient. Gelegentlich zu denken »Irgendwer muss die Kinder ja bekommen, nach denen der Staat immer ruft« kann helfen, die eigenen Wünsche selbstbewusster zu äußern und nicht wie ein schambesetztes Tabu zu verbergen. Männer werden übrigens in der Regel nach Kinderwünschen überhaupt nicht gefragt. So rigide sind unsere Rollenvorstellungen immer noch, dass sich Personaler stets darauf verlassen können, Frauen als diejenigen zu betrachten, die nach der Geburt eines Kindes die Versorgung übernehmen. Doch ob im Bewerbungsgespräch wahrheitsgemäß geantwortet wird oder nicht, ist nur Nebensache. Neben dem selbstbewusst ausgesprochenen »Ja« oder »Nein« zu dieser Frage, das unter Umständen über Einstellung oder Ablehnung entscheidet, kreist die Frage »Wie geht es mit uns weiter?« bei den betroffenen Wunsch-Eltern sowieso unablässig im Kopf, auch in bestehenden Arbeitsverhältnissen. Natürlich beschäftigen sich besonders Frauen mit Kinderwunsch mit dem Für und Wider, sind sie doch in beiden Fällen, nämlich einer eintretenden Mutterschaft wie beim Warten aufs Kind, in der Zwickmühle.

Schweigen oder reden?

Berufstätige Frauen fragen sich: Sollen sie selbstbewusst und transparent mit ihrem Wunsch nach einem Kind umgehen? Das würde bedeuten, dass sie zwar mit offenen Karten gespielt haben, von Stund an aber argwöhnisch beäugt würden. Jede Übelkeit, jede morgendliche Blässe, jeder überdurchschnittlich häufig angetretene Gang zur Toilette, jedes Fehlen wegen Krankheit würde neugierige Nachfragen und die verhassten mitleidigen oder fragenden Blicke nach sich ziehen. Weiterhin, so denken manche Frauen mit Kinderwunsch, würden eventuell zu nehmende Auszeiten wegen Klinikfahrten, morgendlichen Arztbesuchen und Unwohlseins unmittelbar augenfällig. Dann, so sagen manche als Konsequenz, spielen sie lieber mit verdeckten Karten und greifen auch schon einmal zu einer Notlüge: »*Ich täusche lieber eine Darmgrippe vor, als meinen tratschsüchtigen Kolleginnen reinen Wein einzuschenken. Ich hätte keine ruhige Minute mehr, wenn die wüssten, was bei uns los ist!*«, argumentiert Jana. Und Conny weiß zu berichten: »*Ich habe eine Stelle in leitender Position angeboten bekommen. Diese Stelle habe ich angenommen, aber ich habe von Anfang an gesagt, dass ich noch Kinder will. Das ist drei Jahre her. Und seitdem lächeln mich die Kollegen bei jedem kleinen Husten erwartungsfroh an und warten auf Erfolgsmeldungen. Das ist nervig.*« Jürgen findet: »*Solche Themen gehören nicht in einen beruflichen Kontext. Außer schlüpfrigen Andeutungen und Nachteilen hat man da nichts zu erwarten, man wird nicht mehr ernst genommen.*«

Karriereleiter mit fehlenden Sprossen

Aber nicht nur für die Kollegen und die tägliche Zusammenarbeit spielt die Kommunikationspolitik über geplante Familiengründungen eine Rolle, sondern auch für die Frauen und Paare selbst. Sie stellen sich die Frage: »Lohnt es sich überhaupt noch, in den nächsten Jahren beruflich aufs Gas zu treten? Will ich eigentlich im Unternehmen Fuß fassen, wenn ich doch längere Auszeiten geplant habe?« So ankern manche Frauen nicht wirklich in ihrem Job, sie sitzen auf dem medizinischen Schleudersitz und rechnen jederzeit damit, den Bleistift fallen zu lassen und sich um das ersehnte Kind zu kümmern. Immer noch bedeuten nämlich Kinder hierzulande in der Regel eine berufliche Pause und eine dauerhafte Rückstufung. Wer sich Kinder »anschafft«, wie es im Deutschen bezeichnenderweise heißt, weiß, was auf ihn zukommt. Kind und Karriere scheinen für Frauen nur unter übermenschlichen Anstrengungen vereinbar. Dieses Bewusstsein trägt dazu bei, bereits mit dem Aufkommen des Kinderwunsches innerlich zu kündigen. Je früher, desto besser, so hoffen die Frauen, wird die gute Nachricht schon kommen, und dann beginnt eine neue, lange ersehnte Lebensphase. Yvonne erzählt: »*Ich hatte die Möglichkeit, in einem Ressort, das ich immer schon toll fand, ein paar Stunden aufzustocken. Das hätte aber viel Fahrerei erfordert. Ich wusste, dass das mit der Kinderwunschbehandlung noch eine ganze Weile gehen würde und ich vermutlich die Stelle nicht so würde ausfüllen können, wie ich das gerne wollte. Also*

habe ich meiner Kollegin das Angebot weitergereicht und selbst verzichtet.
Damals war es mir schon fast egal. Ich habe nur noch den Kinderwunsch
gesehen und sonst nichts mehr.«

Gerade bei gut ausgebildeten Frauen ist eine lückenlose Beschäftigung in der Dokumentation ihrer Berufstätigkeit überaus wichtig. Nach dem Studium oder einer umfassenden Ausbildung sollte es losgehen mit der Karriere. Stattdessen drehen Mütter in spe eine Warteschleife nach der anderen und kommen weder beruflich noch privat so recht voran. Das Umfeld fragt sich, warum eine so gut ausgebildete Frau beruflich nicht »aus den Startlöchern« kommt, Eltern wundern sich, wozu ihre Töchter so lange studiert haben, wenn sie heute unter ihren Fähigkeiten beschäftigt bleiben, und oft sind sie auch die Einzigen, die Bescheid wissen, wie alles zusammenhängt. Wieder einmal verschwinden Mama und Papa des erhofften und gewünschten Kindes auf ihrer »Insel Kinderwunsch«, die am Anfang des Buches beschrieben wurde. Wieder einmal schickt sie der Familienwunsch in die Heimlichkeit und das Tabu. Frauen büßen oftmals einen Großteil ihres durch gute Ausbildung gewonnenen Selbstwertgefühls wieder ein. Sie stellen sich zurück – und das nicht einmal für ein Kind, sondern nur für die IDEE eines Kindes. Was für eine Leistung in Disziplin und Bedürfniskontrolle!

Berufsplanung will strategisch angegangen werden. Kinderwunsch aber ist ein Strategien-Killer. Die meisten Paare haben überdies gar keine explizite Strategie für die Vereinbarkeit ihrer Berufstätigkeit mit der Familie und navigieren in diesen Belangen viele Jahre lang auf Sicht, statt zu planen. Letzteres wäre, so unromantisch und spießig das sein mag, der einzige Weg, sich darüber klar zu werden, was man beruflich und privat eigentlich will und wie man es miteinander kombinieren könnte.

Wie man mit den Divergenzen zwischen Strategie und Emotion, zwischen Planung und Zufall umgeht, kann man in keinem Seminar lernen. Man kann die Warteschleifen und leer empfundenen Monate während

der Kinderwunschphase auch nicht umgehen. Lösungsorientiert an das Thema heranzugehen, wenn es gerade akut ist, verspricht also nur bedingten Erfolg. Hier sind Selbstfürsorge und Achtsamkeit wichtiger. Erleichterung aber kann ein Urlaub von der Heimlichkeitsinsel bringen. Viele Paare ahnen gar nicht, wie zahlreich ihre Leidensgenossen sind und wie stark sich die Geschichten ähneln. Es tut gut zu erfahren, dass man nicht allein ist. Ob das im Gespräch mit einem geschulten psychologischen Berater ist oder in einer Peergroup mit anderen Betroffenen, ist Geschmackssache. Es gibt auch noch ein paar Videoblogs, in denen betroffene Frauen von ihrem Umgang mit dem Kinderwunsch erzählen. Über Webseiten wie www.wunschkind.de, www.profamilia.de oder www.ungewolltkinderlos.de findet man freundliche und kompetente Menschen, die gelernt haben, über ihr Thema zu sprechen.

5. Dünne Haut und starke Sprüche: Kommentaren souverän begegnen

Wem soll man von den Strapazen eines unerfüllten Kinderwunsches berichten? Wer eignet sich als wohlmeinender Zuhörer und bei wem weiß man schon im Vorfeld, dass ein einziges unbedachtes Wort jahrelange taktlose Bemerkungen auslösen wird? Überraschend viele Paare berichten davon, dass sie nur einer der Herkunftsfamilien überhaupt von dem erzählen können, was sie derzeit bewegt. »Wir wollten meine Eltern nicht in Sorge versetzen« ist ein oft genanntes Argument. Andere berichten, dass sie Nachfragen und Kommentare vermeiden wollen. Offenbar hat zum Thema Kinderwunsch, dem persönlichsten aller Themen, jeder etwas Relevantes beizusteuern, ob das nun für die betroffenen Paare hilfreich ist oder nicht. Viele joviale Kommentatoren sind dabei von erschütternder Taktlosigkeit. Das »dicke Fell«, das man bräuchte, um all den gut gemeinten, aber oft einfach nur gemeinen oder sogar vulgären Kommentaren gelassen zu begegnen, verschwindet spätestens nach dem ersten erfolglosen Durchgang in der Kinderwunschklinik. Anzügliche Bemerkungen über Erfolg versprechende Sexualtechniken wirken dann nicht mehr nur peinlich, sondern geradezu giftig. Vielen Paaren hilft es, eine Art Tagebuch über ihre Erfahrungen zu führen. Wer nachvollziehen kann, durch welche Phasen er oder sie gegangen ist, kann reflektierter mit neuen Gefühlen und den oft ungerechtfertigten Perspektiven Außenstehender umgehen. Größere Schlagfertigkeit vermitteln auch diese Tricks nicht, denn die oft plumpen Bemerkungen der Gesellschaft werden oft selbst als Schläge in die Magengrube empfunden, die Empfindlichkeiten steigen mit der Dauer der Behandlung.

Der kleine Werkzeugkoffer gegen Besserwisser

Bei meinen Klientinnen und Klienten haben sich dennoch einige Strategien bewährt, die helfen, die gemeinsame Zeit der Kinderwunschbehandlung so zu überstehen, dass kein beruflicher oder privater Schaden entsteht. Zum einen ist es gut, sich Standardantworten für immer wiederkehrende Fragen und Tipps (auch von Kollegen) zu überlegen. Auf den Hinweis »Es gibt so viel Leid auf der Welt, warum adoptiert ihr nicht?« haben sich vorbereitete, kurze und bündige Antworten wie »Wir wünschen uns ein gemeinsames Kind und haben noch immer Hoffnung, dass wir es bekommen!« besser bewährt als ausführliche Erklärungen. Der Kommentar »Ihr denkt zu viel an eure Karrieren. Wenn du arbeitest wie ein Mann, kriegst du eben keine Kinder« ist schon ein anderes Kaliber, denn hier schwingen Kritik und Feindseligkeit mit. Die Antwort »Meine Großeltern haben nach dem Krieg noch sehr viel härter gearbeitet, und doch gibt es mich heute, wie man sieht« nimmt dem Angriff den Stachel. Beim beliebten Kommentar »In euer Leben passt doch kein Kind. Bei dem Stress, den ihr habt, müsst ihr euch nicht wundern!« hat sich der Kommentar »Wir werden uns anstrengen« bewährt. Kurze, trockene Antworten signalisieren, dass Kritik an der eigenen Lebensplanung nicht erwünscht ist. Nicht in die Rechtfertigungshaltung einzusteigen schont Ressourcen. Passende Antworten können die Partner sich gemeinsam zurechtlegen.

Manchmal ist es ausreichend, die Worte des Kommentators zu spiegeln, sie also einfach zurückzuspielen. »Ach so. Du findest also, dass wir uns nicht wundern sollten, wenn wir keine Kinder kriegen, weil wir in deinen Augen zu viel arbeiten?« Peinlich berührtes Schweigen kann die Reaktion sein, denn oftmals merken die Nervensägen erst dann, welche Worthülsen sie absondern, wenn sie diese aus dem Mund anderer hören. Weniger Worte helfen mehr, Diskussionen dagegen überhaupt nicht. Oder würden Sie sich ernsthaft von Argumenten überzeugen lassen? Für Kinder gibt es keine vernünftigen Argumente. Gegen Kinder gibt es tausende.

Erste Hilfe-Tipps

Zum anderen sind ein paar weitere Tipps insbesondere bei der Kinderwunschbehandlung in gleichzeitiger Berufstätigkeit hilfreich.

1. Sie durchleben eine ganz besondere und schwierige Zeit. Diese erfor-
   dert Rücksichtnahme und gegenseitige Umsicht. Richten Sie sich
   Rückzugsorte und Maßnahmen zum Selbstschutz (s. o.) ein, auch am
   Arbeitsplatz. »Das ist kein Thema, das ich hier diskutieren möchte.
   Bitte verstehe das / verstehen Sie das!« ist ein Standardsatz zur
   Abwehr von ungebetenen Kommentaren.

2. Sollte Ihnen Ihr Arzt / Ihre Ärztin ein ungutes Gefühl vermitteln, suchen
   Sie das Gespräch mit ihm oder ihr. Fehlen Ihnen in der sterilen Klinik-
   atmosphäre die Worte? Dann machen Sie sich Notizen, die Sie beim
   nächsten Besuch mitbringen und notfalls vorlesen. Auch Sie als Patienten dürfen in einem Sprechzimmer tatsächlich sprechen, der Name
   des Raumes bezieht sich nicht nur auf Mediziner. Vertrauen Sie Ihrem
   Bauchgefühl. Ihr Arzt wird Sie nun eine Weile ziemlich häufig sehen,
   Ihnen ggf. Krankschreibungen ausstellen und mitteilen, wann Sie
   wieder arbeiten können. Er oder sie sollte eine einigermaßen ange-
   nehme Gesellschaft für Sie sein und Sie niemals ängstigen. Bestehen
   Sie durchaus auf der Behandlung durch diesen einen Arzt, den Sie
   mögen. Sie dürfen das. Und ja: Sie dürfen durchaus als Patienten
   kommentieren, was Sie wahrnehmen. »Wir nehmen Sie als gestresst
   wahr. Das macht uns etwas unsicher, weil wir derzeit auch sehr an-
   gespannt sind. Wie lösen wir das?« ist ein legitimer Satz, wertschät-
   zendes Feedback für einen Profi, der auch manchmal betriebsblind ist.
   Ärzte sind auch Unternehmer. Sie wollen nicht nur helfen, sondern
   auch einen guten Ruf erwerben. Helfen Sie ihm oder ihr dabei, sich eine
   hervorragende Reputation zu erwerben.

3. Definieren Sie Grenzen: Wer soll wie viel erfahren, wem gegenüber
   sprechen wir offen, wen klammern wir aus? Nichts ist irritierender als
   eine fremde Person, die plötzlich mitfühlend die Hand auf die Schulter
   legt und »Ach, ihr Armen« wispert oder nassforsch auf die Schulter

klopft und »üben, üben, üben« rät. Das gilt insbesondere für Arbeits-
kollegen. Beraten Sie mit Ihrem Partner, wem Sie wie viel sagen wollen. Wie verbalisieren Sie Ihre Belastbarkeitsgrenze für körperliche
Eingriffe? (Lesen Sie hierzu auch das Kapitel »Eine Sprache fürs Körperliche finden«.) Welche Sprachregelung wollen Sie für Bekannte und
Kollegen treffen? Formulieren Sie Standardsätze ruhig vor. »Bitte
versteh das nicht falsch, aber wir möchten das Thema nicht so breit-
treten. Danke für dein Interesse. Gut zu wissen, dass du da bist. Ich
komme eventuell darauf zurück.«

4. Ihre Arbeitskollegin, die Frau vom Chef wird schwanger und posaunt
es glücksstrahlend heraus? Alle gratulieren und schielen gleichzeitig
mit Seitenblicken auf Sie? Solche Momente produzieren bei Frauen
und Paaren umso mehr Wut, je weniger sie die betreffende Person
schätzen und mögen. Neid, Scham, Groll und Aggressionen verderben
vielen die Lust am Tag. Das ist normal und geht allen so, die bislang
vergeblich auf ein Kind warten. Diese Gefühle sind in Ordnung, aber
nicht sehr hilfreich. Lassen Sie das Gefühl zu, aber bitte nicht gegen
die Betroffene gewandt. Zu Hause Teller und Kissen zu werfen, einen
Baum anzuschreien oder hemmungslos zu weinen, ist dagegen
wesentlich befreiender. Ein Tagebuch verwahrt unsachliche und unreife
Gefühle aufs Diskreteste. Schreiben kann therapeutische Wirkung
haben. Was man losgeworden ist, bedrückt nicht mehr so massiv. Da
man nicht alles beim Partner abladen kann, helfen Tagebücher oder
private Blogs. Manche Frauen erzählen von ihrem Leben in Videoblogs.
Das Ansehen solcher V-Logs kann sehr hilfreich sein.

Mit einer Stimme?

Paare in der Phase unerfüllten Kinderwunsches sind trotz aller Gemeinsamkeiten kein einstimmiges Duett. Sie haben unterschiedliche
Antriebe und Motivationen, verschiedene Sichtweisen und Strategien,
mit »ihrem« Thema auf höchst unterschiedliche Weise umzugehen.
Während »sie« unter Umständen dazu neigt, die Flucht nach vorn an-
zutreten, könnte »er« mauern oder auf den berüchtigten »Durchzug«

schalten. Andere wiederum möchten diplomatisch sein, während ihr Partner die Konfrontation sucht oder darauf aus ist, eigene Gefühle als Selbstschutz zu verbergen. Paarkommunikation ist ein Buch mit mehr als sieben Siegeln, und die betroffenen Paare kämpfen nicht nur mit den Themen, die ihnen selbst wehtun, sondern empören sich oftmals auch darüber, wie der Partner oder die Partnerin damit umgeht. Das Dauerthema »Kinderwunsch« kann die Paarkommunikation mit zunehmender Intensität immer wieder in Sackgassen führen, aus denen die beiden nur mit größter Anstrengung herauskommen. Die berüchtigte Endlosschleife, die in allen Partnerschaften eintritt, wenn selbst durch geschliffene Rhetorik und allerbeste Argumente kein Ergebnis erzielt werden kann, ist bei Themen, die unlösbar scheinen, vorprogrammiert. Dieses störrische Thema »Kinderwunsch« wird oft zum Zankapfel, an dem sich zeigt, wie gut die Beteiligten mit den Bewältigungsstrategien des anderen umgehen, wie konfliktfähig sie sind, wie sie mit Verletzungen und Schmerzen umgehen, wie gut sie in der Lage sind, Bedürfnisse anzumelden. Es ist sehr schwierig, in einem Buch auf die höchst individuellen Strategien einzugehen, die Paare miteinander pflegen und verwenden. Jedes Paar ist unterschiedlich, bringt abweichende Überzeugungen und Muster mit. Insofern ist es schwierig, Tipps zu geben. Als allgemein gültiger Grundsatz mag das Verfahren der gewaltfreien Kommunikation für Paare gelten, das in vier Schritten zu einem geschärften Bewusstsein für die eigenen Bedürfnisse führt.

Im ersten Schritt geht es darum, die Wahrnehmung dessen, was gerade passiert (z.B. in einer Konfliktsituation), in Worte zu fassen. Das klingt banal, ist aber unabdingbar, um die aktuelle individuelle Wahrnehmung von der folgenden Reaktion zu trennen. Im zweiten Schritt versucht man, die Emotion zu benennen, die diese Wahrnehmung auslöst – und zwar die eigene Emotion, nicht das, was der Partner falsch gemacht hat oder besser hätte machen können. Hat man diese Emotion lokalisiert, ist der wichtigste Schritt gemacht. Nun kann man versuchen zu orten, welches Bedürfnis bei einem selbst nicht erfüllt wurde (zum Beispiel das Bedürfnis, gehört oder beschützt zu werden). Ist man in der Lage, dieses Bedürfnis in Worte zu fassen, wird es sehr viel einfacher, dem Partner zu sagen, was man braucht, ohne ihn dafür zu verurteilen, dass er nicht hellsehen kann. Wenn man weiß, was man braucht, kann man sagen, was man sich wünscht. Und einen Wunsch erfüllen die meisten liebenden Partner recht gern. Von diesen abstrakten Überlegungen nun zu einem praktischen Teil:

Kurzfassung: Sagen, was man braucht

1. Sich selbst klar ausdrücken.
2. Beobachtung – Wenn ich sehe, dass du ... handelst,
3. Gefühl – dann fühle ich mich ...,
4. Bedürfnis – weil ich ... brauche.
5. Bitte – Könntest du bitte ... tun?

Im Beispiel:

1. Wenn ich sehe, wie du deiner Mutter ausweichst, wenn sie dich nach unserer Kinderwunschbehandlung fragt,
2. dann fühle ich mich traurig und übersehen,
3. weil es für mich wichtig ist, dass alle Bescheid wissen, um uns zu unterstützen und zu trösten.
4. Könntest du bitte beim nächsten Mal zumindest sagen, dass wir eine neue Behandlungsmöglichkeit ausprobieren, die uns beide gerade ziemlich belastet?

Auch hier wieder: Die Anwendung dieser vier Schritte wird nicht alle Konflikte aus Ihrem Leben verbannen. Paare in schwierigen Situationen sehen aber oft den buchstäblichen Wald vor lauter Bäumen nicht. Ein Klient beschrieb die eigene Lage einmal als ein »wüstes Nest«. Ein solches Nest hat man sich lange gebaut, es ist stabil und man muss vorsichtig vorgehen, wenn man die darin wohnenden Konflikte und Potenziale unter Bewahrung des Erhaltenswerten zum Positiven wandeln möchte. Interventionen wie die Gewaltfreie Kommunikation helfen als minimale Interventionen. Sie geben Sicherheit und befreien von der lähmenden Ohnmacht, scheinbar nichts tun zu können.

6. Wann ist ein Mann ein Mann?
Wann ist eine Frau eine Frau?

Männlich und weiblich: Fragezeichen

Die Grenzen zwischen den biologischen und sozialen Geschlechtern weichen in den letzten Jahren und Jahrzehnten immer weiter auf. Spätestens seit die Kunde der ersten offiziellen Bedürfnisanstalten für intersexuelle Menschen in die Medien durchgedrungen ist, haben wir alle eine Idee davon bekommen, dass es womöglich neben den biologischen auch soziale Geschlechter gibt. Prominente gehen immer offener mit den Brüchen in ihrer Geschlechteridentität um. Bruce Jenner, früherer Zehnkämpfer und Stiefvater der Promi-Töchter aus dem Kardashian-Clan, lässt sich weit jenseits der 40 noch zur Frau umoperieren und heißt nun Caitlyn. Die Medien reagieren nicht reißerisch, sondern eher verhalten. Medizinischer Fortschritt und ein verändertes Selbstverständnis machten im Laufe der letzten Jahrzehnte solche Geschichten von Sensationsmeldungen in der Art von »Freak-Shows« zu fast schon alltäglichen, medientauglichen Nachrichten. Es ist heute keine Frage des moralischen Interesses mehr, ob Lady Gaga einen Penis hat oder Miley Cyrus im Video nackt auf einer Abrissbirne posiert und sich anschließend als bisexuell outet. Ein bärtiger Transvestit gewinnt den Eurovision Song Contest, er ist eine bildschöne Mixtur aus dem Besten zweier Welten. Was männlich, was weiblich ist, bewegt sich in variabler werdenden Grenzen. Was früher als männlich galt, ist heute in vielen Kreisen verpönt, was früher als typisch weiblich attraktiv gefunden wurde, ist heute vielerorts nur noch ein Abziehbild. Robert Geiss aus der gleichnamigen Doku-Soap als Dinosaurier der Männlichkeit oder Daniela Katzenberger auf der Seite der Weiblichkeit erheitern uns heute mehr, als Rollenvorbild zu sein. Was Männer und Frauen angeht, hat sich also in der Wahrnehmung manches verändert. Frauen dürfen Karriere machen (wollen),

Männer dürfen Gefühle zeigen. Mehr ist perspektivisch möglich, wenn die letzte Konsequenz auch immer noch ausbleibt. In wenigen Generationen, wenn gleicher Lohn für Männer und Frauen erreicht ist, wenn Homosexualität etabliert und Konzepte offener Sexualität gelebt werden können, ohne Ressentiments erwarten zu müssen, wird es immer weniger interessant sein, welchem biologischen Geschlecht man angehört.

Ist Elternschaft konservativ?

Was im beruflichen und gesellschaftlichen Leben längst den Weg in die Normalität findet, sieht im Familienleben noch immer anders aus. Familiengründung und die Geburt von Kindern katapultieren viele Paare aus dem bunten Durcheinander der Möglichkeiten in vielerlei Hinsicht zurück in die wohlgeordnete Welt des konservativen Schwarzweißdenkens. Bei Paaren mit Kinderwunsch ist dies aus verschiedenen Gründen sogar noch ausgeprägter.

Um diese Mechanismen zu verstehen, darf man sich fragen, was unsere Vater- und Muttervorstellungen prägt, welchen Gesetzen sie gehorchen und wie man sich aus Denkfallen und starren Logikmustern befreien kann. Diese neuen Ideen helfen Paaren mit unerfülltem Kinderwunsch, aus der Betriebsblindheit und Lähmung herauszukommen, die ihre ansonsten oft kreisenden Gedanken nach sich ziehen. Natürlich will dieser Blick hinter die Kulissen nicht bei biologistischen Erklärungen stehen bleiben. Es ist offensichtlich, was einen Mann biologisch zum Mann, eine Frau zur Frau macht. Bei manchen entsprechen diese Merkmale einem Normalmaß (das sich über Jahrhunderte und Kulturen hinweg selbst immer wieder infrage stellt), bei manchen eben nicht. Hüftbreite, Brustgröße und Penislänge sind keine Attribute von Männlichkeit oder Weiblichkeit. Wer eine evolutionsbiologische Analyse erwartet, möge die folgenden Absätze überspringen.

Was macht einen Mann zum Mann?

Begonnen werden soll mit den Männern, den potentiellen Vätern in der hier angenommenen Version der Biografieplanung. Nach wie vor beziehen sie ihre Hauptidentität, die größte Bestätigung als Mann, aus ihrem Beruf. Besonders am Arbeitsplatz erfahren sie Strukturen und Abläufe, die sie in ihrer Männlichkeit bestärken. Diese Strukturen sind vielfältig und gehorchen ganz eigenen Mustern, die in wissenschaftlichen Studien auf Hunderten Seiten dargelegt wurden. Nach einem Aufsatz des Soziologen Michael Meuser[1] aus dem Jahr 2001 gehört beispielsweise zum Mannsein immer noch das Suchen und Finden von Positionen innerhalb von Hierarchien dazu. Neben den Wettbewerben mit anderen Männern um Position und Territorium gehört für Männer zum Sinn der Arbeit auch die Aussicht dazu, aus ihr einen eigenen Platz, einen Standort im Leben zu machen. Die meisten Männer geben an, darauf hinzuarbeiten, dass sie eines Tages einmal eine »Familie ernähren« können. Der Fokus auf die eigene Lebensplanung verschiebt sich also nach der Ankunft an einem beruflich angestrebten Platz. Neben der Verwirklichung in der »männlichen Hemisphäre« machen sich Männer dann »parat« für die Rolle als Vater. Wie vollzieht sich der Wandel der Perspektive hin zu einem Wunsch nach eigenen Kindern? Ist es wirklich so, dass Männer plötzlich »einfach so« Väter werden bzw. werden wollen? Oder kann es nicht vielmehr das Ergebnis eines Reifeprozesses sein, das Männer zum (vielleicht unausgesprochenen) Entschluss bringt: »Ich möchte Vater sein«? Sind Männer, die viel Zeit haben, sich auf die Vaterrolle vorzubereiten, dann die besseren, entspannteren Väter? Und dann: Bedeutet »Vater sein wollen« automatisch auch, ein Familienvater sein zu wollen, womöglich das Oberhaupt einer zu gründenden Sippe, das ernährt und beschützt sein will? Oder könnte »Vater sein« sich auch ausschließlich auf das Zusammensein

---

1 Michael Meuser: »Hegemoniale Männlichkeit: Überlegungen zur Leitkategorie der Men's Studies«, Forum Frauen- und Geschlechterforschung in der Deutschen Gesellschaft für Soziologie, Band 19, S. 160 ff.

mit dem geliebten Kind beziehen – ohne die Verantwortung der Vorstandschaft in einer bleibenden sozialen Gruppe? Könnte es Männer geben, die gerne Kinder hätten, aber eigentlich lieber kein Familienoberhaupt wären? Und was heißt überhaupt »Vater sein«, womöglich ein »guter Vater« sein?

Der gute Vater

Er ist etwas vollkommen anderes, als man noch vor einer Generation darunter verstand. Der »gute« Vater ist ein »neuer« Vater. »Neu« grenzt hier nicht gegenüber »schlecht« ab, sondern gegenüber »alt«. Das bedeutet, dass wir die Vätergeneration unserer Väter und Großväter nicht immer als »gute« Väter abgespeichert haben. Sie waren oft die unbeteiligten Ernährer, vielleicht die Assistenten der hauptverantwortlichen Mutter. Heute, so das allgemein gültige Ideal, kümmert sich der »gute Vater«, der »neue Vater«, um seine Kinder, »verbringt viel Zeit mit ihnen«. Wer sich mit den Familienmodellen junger Eltern beschäftigt, bemerkt schnell, dass dieser »gute Vater« hauptsächlich ein »lieber Papa« ist, der zwar aufgrund der vorher bereits beschriebenen mangelhaften Kinderbetreuungssituation in Deutschland nach wie vor wenig Verantwortung für die eigenen Kinder übernehmen kann und sich auch nach wie vor Beteiligungsmöglichkeiten wie Elternzeit gegenüber eher reserviert zeigt, der aber seinen Kindern gegenüber als zugewandter Spielgefährte auftritt, nicht als strenger Strafer. Das klingt nach einer lässigen, entspannten Grundhaltung.

Vaterschaft und Männlichkeit

Gleichzeitig bedeuten Kinder mehr als Spaß und Spiel, mehr als finanziellen Mehraufwand. Sie manifestieren Lebenssinn und Lebensberechtigung: auch und gerade für Männer. Dies geschieht auf Ebenen, die sich im Laufe der Zeit wandeln. Die Anzahl und das Geschlecht der Kinder beispielsweise stehen in manchen anderen Kulturen sehr viel stärker für Manneskraft und Reputation als bei uns. Mindestens einen Jungen in der Kinderschar zu haben, bedeutet Vätern dort oft alles. In

Westeuropa ist das anders. Aber Kinderzahl und Geschlecht des Nachwuchses bedeuten auch bei uns eben nicht *nichts*. Ein Mann gewinnt durch Kinder in den Augen vieler an Seniorität und repräsentativem Kampfgewicht, an Akzeptanz und eben an Männlichkeit.

Nicht umsonst bringt Kinderlosigkeit, die ihre Ursache beim männlichen Partner hat, manchmal Auswirkungen auf dessen Selbstwahrnehmung als Mann mit sich. Manche Männer mit einer Sterilitätsdiagnose zweifeln an sich, ihrem Lebenssinn, ihrer Männlichkeit und ihrer sexuellen Leistungsfähigkeit. Es gibt tatsächlich nicht wenige Männer, die nach der Diagnose »Unfruchtbarkeit« eine längere Zeit unter Erektionsproblemen und Unlust leiden. Fruchtbarkeit und Potenz liegen so dicht beieinander, dass viele Männer damit überfordert sind, die verschiedenen Bedeutungen nicht zu vermischen. Wer seinen Lebenssinn und seine Männlichkeit darauf baut, ein (Familien-)Vater zu sein, leidet unter der Diagnose »Unfruchtbarkeit« wesentlich stärker als ein anderer, der für seine Männlichkeit noch gleichwertige alternative Möglichkeiten zur Entfaltung sieht.

Immer wieder lohnt sich beim Zukunftsthema »Kinder« der Blick in die eigene (Familien-)Vergangenheit. Wie viel Bedeutung wurde den Begriffen »Nachfolge«, »Erbe« und »Hinterlassenschaft« in der eigenen Familiengeschichte zuteil – im positiven wie im negativen Sinne? Wer musste Gutes bewahren, wem wurde die Aufgabe zuteil, eine alte Familiengeschichte vielleicht als Erster zu durchbrechen? Gibt es in der Generation der Großeltern oder Urgroßeltern das Thema »Nachfolge« oder »Stammhalter«? Gibt es Figuren, die durch die eigene Nachkommenschaft »neutralisiert«, »wiedergutgemacht« werden sollen? Einen tabuisierten männlichen Verwandten, der sich aus der Verantwortung gestohlen hat? Gibt es Geschichten von Vernachlässigung oder Krankheit? Ein Blick in die eigene Ahnenreihe beleuchtet verschiedene Aspekte, die für den eigenen Umgang mit dem Thema »Männlichkeit« wichtig sein können. Beziehen Sie auch vergessen geglaubte, »unwichtige« oder früh verstorbene Familienmitglieder mit ein. Die Suche kann Aufschlussreiches zutage fördern.

Will und Anette

>> *Wilhelm, genannt Will, und Anette haben sich auf einer Weiterbildung für Rechtsanwälte kennengelernt. Sie ist eine von zwei Töchtern einer alteingesessenen Anwaltsfamilie, er ist in eine traditionelle Handwerkerfamilie mit vier Brüdern geboren worden und hat sich durch viel Fleiß und großen Ehrgeiz in die Lage gebracht, heute als erfolgreicher Fachanwalt arbeiten zu können. Als Will und Anette sich kennenlernen, reizt es ihn besonders, mit dieser Frau neue Perspektiven und eine neue Richtung in der Geschichte seiner Familie zu eröffnen. Vieles aus seinem früheren Leben hat er bereits abgelegt, hat sich über Zweifel an seinem Berufswunsch hinweggesetzt und ist immer seinen Weg gegangen. Sein Vater, der ihn gerne in der Nachfolge für den Betrieb gesehen hätte, konnte sich schwer damit abfinden, dass ausgerechnet der cleverste seiner Söhne kein Interesse an der Übernahme des Betriebes zeigte.*

Anette muss den Kandidaten ihrer Wahl erst einmal gegen ihre Eltern durchboxen, die skeptisch gegenüber Wills »einfacher« Herkunft und seinem in ihren Augen fortgeschrittenen Alter sind. So betreten die beiden mit ihrer Beziehung neue Wege. Sie arrangieren sich in der Kanzlei ihres Vaters, wo er als Junior geduldet wird, permanent kritisch beäugt von der Familie. Nach einigen Jahren, Anette ist inzwischen 33 Jahre alt, wünschen sie sich ein Kind. Am liebsten hätte Anette gleich drei, und Will ist von Anfang an begeistert. Auch er plant sein Leben mit Kindern. Zwar gibt es oft Reibereien zwischen den beiden, weil Will nicht damit einverstanden ist, wie konziliant und überdiplomatisch Anette mit ihrem Vater umgeht, aber die beiden werfen dem Kinderwunsch zuliebe einige der Spannungen über Bord und bemühen sich darum, möglichst oft Gelegenheiten zu finden, um Sex miteinander zu haben. Die beiden versuchen es erfolglos eine Weile auf herkömmlichem Weg, bis Anette insistiert, sich untersuchen zu lassen. Sie ist unterdessen 35 Jahre alt geworden und möchte noch Kinder, bevor es medizinisch zu schwierig wird. Doch es kommt anders als erwartet. Während Anette aus ärztlicher Sicht keinerlei Einschränkungen ihrer Fruchtbarkeit hat, sieht Wills Spermiogramm verheerend aus. Diagnose »unfruchtbar«. Dieser Moment, erklärt er später in der Beratung, habe sein ganzes Leben verändert. Niederschmetternd sei das für ihn gewesen, ein Desaster. Anette versteht seine deprimierte Stimmung in den nächsten Wochen nicht recht. Die Ärzte haben den beiden Hoffnungen gemacht, durch ICSI relativ sicher doch noch zum Wunschkind kommen zu können. Sie versucht ihn aufzumuntern und ihm Hoffnung zu machen, doch in ihm ist eine Welt zusammengebrochen. Er will nicht mehr mit ihr schlafen, und wenn sie es doch probieren, klappt es nicht wie erhofft. Anette nimmt das vorerst nicht persönlich, kann sich Wills Schwierigkeiten aber nicht erklären. Während der anschließenden Zyklen der Kinderwunschtherapie schluckt sie die Beschwerden und Schmerzen, die Befindlichkeitsstörungen und Unannehmlichkeiten tapfer herunter, weil sie fürchtet, Will könnte den Abbruch der Behandlung erwägen. Wenn er sie fragt, ob es nicht zu viel für sie werde, schüttelt sie den Kopf oder verkündet Durchhalteparolen. Will baut immer weiter ab. Die Rituale und Demütigungen der Behandlung kann er nicht ohne Weiteres an sich ablaufen lassen. Er zieht sich in sich selbst zurück und verfällt in den »Erzeugermodus«. Wenn es von ihm verlangt wird, gibt er Blut- und Spermaproben, ansonsten zieht er sich zurück, auch von Anette. Die Asymmetrie in der Firma kann er nun noch weniger aushalten als vorher, und es kommt immer häufiger zum Streit.

Während Anette bereits eine Adoption erwägt (welche Will kategorisch ablehnt), geschieht es dann doch: Anette wird schwanger. Bente wird geboren, und das Glück scheint perfekt. Anette und Will sind tolle Eltern, doch zwischen den beiden ist ein seltsamer, ein unerklärlicher Bruch entstanden. Wills Unzufriedenheit wächst. Sexuell spielt sich zwischen den beiden gar nichts mehr ab. Nach einigen Monaten bringt Anette das Thema »zweites Kind« ins Spiel. Will reagiert entsetzt. Keinesfalls, so dröhnt er, werde er sich dieser Tortur noch ein zweites Mal unterziehen. Darauf reagiert Anette gereizt. Die unterdrückten Beschwerden ihrer Kinderwunschzeit kommen wieder hoch. Sie kontert, dass ja nur sie die Schmerzen gehabt habe. Er sei ja fein raus. Und solle sich nicht so anstellen. Immerhin müsse er nur Sperma abgeben. Will verzweifelt. »Wer soll denn damit was anfangen? Ich fühl mich nur noch wie ein halber Mann! Wer bin ich denn, wenn ich nicht mal Kinder zeugen kann? Das nimmt mir meinen Wert als Kerl, verstehst du das denn nicht?« Anette versteht nicht. Und die beiden leben weiter relativ gestresst nebeneinanderher. Der Praxisalltag, in dem sie Hand in Hand und einander zuarbeiten müssen, zerrt an ihren Nerven. Die Belastung durch das Baby, die ungelösten Konflikte, die Baby-Nr.-2-Frage, all das lässt die beiden auseinanderdriften. Irgendwann findet Anette auf Wills Handy Botschaften einer anderen Frau. Eines kommt zum anderen, sie setzt sich auf Wills Fährte und deckt mehrere erotische Stelldicheins auf. Sie ist außer sich. »Mit denen schläfst du, aber mit mir nicht, oder wie?« Sie tobt vor Zorn, und das lässt Will nur noch weiter in der Defensive verschwinden. Als sie in der Beratung ankommen, sind sie hochstrittig, voller Vorwürfe und Verletzungen und kurz davor, alles hinzuwerfen.

Bei der Arbeit mit Will und Anette müssen mehrere Ebenen beachtet werden. Sich hier nur und ausschließlich auf den Kinderwunsch zu konzentrieren, würde das System aus Erwartungen und Ansprüchen der beiden ignorieren, das viele ihrer Aktionen steuert. Es ist wichtig zu ermitteln, mit welchen unausgesprochenen Verträgen die beiden ihre Beziehung begonnen haben. Wills Emanzipation von den Erwartungen seines Vaters, dem er immer beweisen wollte, dass er Potenzial zu mehr hat, spielt hier eine entscheidende Rolle. Anette hingegen gibt zu, dass sie in Will jemanden gesehen hat, der es mit ihrem Vater würde aufnehmen können, sodass sie sich ihrerseits aus den Fängen der Konventionen ihres Elternhauses würde befreien können. »Schaff mir eine Plattform, von der aus ich meinen akademischen Aufstieg leben und mich als Mann in der Familie beweisen kann!« ist Wills geheimer Auftrag. Anettes geheimer Auftrag ist: »Gründe mit mir eine eigene Linie der Familie, die wir selbst verwalten und steuern können, damit ich endlich als erwachsene Familienfrau mit einem starken Partner in mein eigenes Leben starten darf.« Beide Versprechen konnten nicht eingehalten werden. Die Wut, die beide aufeinander empfinden, ist aber nicht nur die Wut auf den Partner, sondern auch zum Teil aus einer tiefen Ratlosigkeit geboren, *was die eigenen Antriebe und Motivationen angeht. Hier spielt beispiels-weise bei Will das Thema »Nachfolge« eine bedeutende Rolle. In seiner Familie waren Nachkommen seit Generationen wichtig und unverzicht-bar, weil nur sie von Kindesbeinen an Verständnis für die Abläufe und besonderen Stärken des Betriebes gewährleisteten. Er mit seinen vier Brüdern hat die Themen »Nachfolge«, »Konkurrenz« und »männliche Rivalität« mit der Muttermilch aufgenommen. Er ist aus der vorgesehe-nen Familienlinie ausgeschert und hat dennoch das Thema »Nachfolge« mitgenommen. Will möchte eine eigene Familie gründen, ein neues Kapitel aufschlagen und hat dazu eine Menge Energie und Kraft auf-gebracht. Er durfte lernen, dass er durch Willenskraft und Einsatz alles schaffen kann. Und auf dem Zenit seines Erfolges, als er auf die Krönung seiner Biografie wartet, macht ihm die Biologie einen Strich durch die Rechnung. Was vor einigen Jahren noch selbstverständlich funktioniert hatte, versagt ihm den Dienst und beraubt ihn seiner Träume. Nichts kann er tun, um dieses Problem aus eigener Kraft zu lösen. Und noch dazu ist er auf die Kraft und Belastbarkeit seiner Frau angewiesen, wenn er den Weg der Demütigung zugunsten eines eigenen Kindes gehen will. Er fühlt sich buchstäblich entmannt, entmachtet, der eigenen Wirksam-keit beraubt.*

Anette hatte sich gewünscht, dass Will mit seiner Strahlkraft und Durchsetzungsstärke an ihrer Seite stehen würde, um den Teil der Kanz-lei, der für sie vorgesehen war, zu behaupten und auszubauen. Kinder sind für sie geplante Begleiterscheinungen, ein Bestandteil ihrer Pläne und Hoffnungen. Wenn es notwendig ist, hierfür einmal die Zähne zu-sammenzubeißen, nimmt sie das gern in Kauf. Wills Schwäche und An-triebslosigkeit, seine Energiearmut und die sexuelle Verweigerung geben ihr das Gefühl, er würde sie allein lassen, ihr die Loyalität verwehren. Da sind die Affären nur weitere Buchungen auf ihrem Enttäuschungskonto, keine radikal neuen Themen.

In solchen Situationen kann man gut mit dem Genogramm arbeiten. Wie das funktioniert, wird am Ende erklärt.

Nachdem Will und Anette sich mit ihrer Vergangenheit und ihren eigenen Werten befasst haben, verstehen sie besser, welche uralten Antreibersätze, welche Glaubensüberzeugungen in ihnen arbeiten. Sie vereinbaren, auf das Auftreten solcher Glaubenssätze verstärkt zu achten und sich mitzuteilen, wenn sie das Gefühl haben, sich eigene Überreaktionen oder zu starke Emotionen nicht erklären zu können. Mit der Formulierung »Da startet gerade wieder ein Programm bei mir!« wissen sie, was der andere in diesem Moment erlebt. Dann stellen sie sich darauf ein, machen eine Gesprächspause und lassen dem anderen genügend Zeit, bis er oder sie von allein wieder darüber reden will. Es wird einige Zeit dauern, bis die Phase des ständigen Innehaltens vorbei ist, das ist beiden klar. Aber sie wissen, dass man Gewohnheiten, die man über eine Lebenszeit angesammelt hat, nicht in wenigen Wochen ablegen kann.

Nach einiger Zeit erkennen sie, dass sie beide traditionelle Wurzeln haben. Familie, Kinder, Beruf, Besitz, Nachfolge, all das sind aktive Themen für sie. Abweichungen von den Konventionen liegen beiden nicht. Sie merken, dass sie die Kinderfrage wie eine Sprosse in der Leiter ihrer Laufbahn betrachtet haben. Dass das Leben unwägbar und unberechenbar ist, ist ihnen durch ihren unerfüllten Kinderwunsch und die Kreise, die er gezogen hatte, klar geworden. Ihr Potential liegt darin, dieses neu gewonnene Wissen zu etablieren. Das unterscheidet sie wirklich und grundsätzlich von der Elterngeneration, deren Narrative statische Erfolgsgeschichten waren und geblieben sind. Misserfolg und Umwege zu akzeptieren, fällt beiden erst schwer. Doch sie wollen diese Fähigkeit bewahren. Die Erkenntnis, dass der Kinderwunsch nicht so klappte wie das Staatsexamen, hat sie reifer werden lassen. Sie entwerfen eine Visualisierung. Sie wird am Ende des Kapitels noch einmal näher erklärt.

Nicht vernachlässigt werden soll der Umgang mit den erotischen Eskapaden Wills. Anette möchte alles wissen, Will möchte nicht alles sagen, weil er sie nicht verletzen möchte. Sie registrieren, dass durch Ängstlichkeit und Schmerzvermeidung paradoxerweise eine Menge Leid in ihr Leben gekommen ist. Die unangenehmen Wahrheiten, die verschwiegenen Details, die ehrlichen Geständnisse sollen, so verabreden sie es, auf den Tisch. Sie wollen lernen, wie auch ihr eigenes Begehren funktioniert. Sie

verstehen, dass Schweigen dem widerspricht, was eine Beziehung aus-
macht. Beziehungen bestehen aus Kommunikation. Je mehr Themen
ausgeklammert werden, je mehr man sich schont, desto kleiner wird die
kommunikative Schnittmenge. Sie vereinbaren, sich etwas zu trauen und
dem anderen etwas zuzutrauen. Davor haben beide Angst. Doch sie be-
sinnen sich auf ihren Mut und ihre Entschlossenheit und versprechen
sich mit einem Lächeln, dass sie so weit gehen werden, wie sie können.

Anleitung zur Erstellung eines Genogramms:
Man nimmt dazu einen großen Bogen Papier und zeichnet eine Art
Stammbaum. Mit dem Unterschied, dass auch Menschen im Genogramm
auftauchen sollen, die unter Umständen nicht zur Familie gehörten,
aber eine wichtige Rolle spielten. Fehl- oder Totgeburten sollen aufgenommen werden oder Menschen, die viel zu früh starben oder in den
Erzählungen der Familie normalerweise nicht auftauchen. Diese Arbeit
erhellt manchen Zusammenhang. Wer möchte, kann nun den Personen
Werte zuordnen. Wofür standen diese Menschen ein? Was zeichnete sie
aus, was haben sie für Sie als Heranwachsende in der Familie bedeutet?
Das Familienwappen:
Auf einem Flipchartbogen skizzieren Sie die Form eines Wappens. Es soll
vier Segmente haben. In der Mitte soll ein Sinnbild stehen, das die
Familie insgesamt beschreibt. In den vier Segmenten sollen Symbole zu
sehen sein, die repräsentieren, wofür Anette und Will mit ihrem Kind
stehen.
Sie zeichnen eine Burg für die Sicherheit, ein Schwert für die Kraft, eine
offene Tür für die unerwarteten Dinge, die sie ab heute in ihr Leben
lassen wollen, und einen Vogel für die Freiheit. In der Mitte findet sich
ein Ring für Treue. Mit diesem Wappen sind sie hochzufrieden. Es ist ein
konservatives Symbol mit Werten, die eine Grundlage für die Familie
ihrer Generation bilden.

7. Weiblichkeit und Mutterschaft

Was macht eine Frau zur Frau?

Um zu definieren, was eine Frau zur Frau macht, könnte man nun den leichten Weg wählen und alles aufzählen, was ein Mann eben nicht ist. Doch die Geschlechter haben ihre Eigenschaften unterschiedlich ausgeprägt und unterschiedlich verteilt. Nicht alle Frauen sind sozial verträglich, umsichtig, fürsorglich und liebevoll. Nicht alle Frauen legen Wert auf Attraktivität, und nicht einmal alle Frauen reden gerne viel. Viele Frauen dagegen blühen aus ganz unterschiedlichen Gründen in ihren Jobs ebenso vielfältig auf wie ihre männlichen Kollegen. Manche lieben ihre Karriere, andere warten auf den richtigen Moment, endlich aus dem Wettbewerb auszusteigen und eine Weile »zu Hause« bleiben zu dürfen. Es ist also eine Mischung aus verschiedenen Zutaten in unterschiedlicher Gewichtung, die eine Frau zur Frau macht. Die eigene Identität finden Frauen heute ebenso wie Männer im Laufe der Adoleszenzphase. Wann aber tritt für Frauen der Moment ein, in dem sie wissen: »Ich will ein Kind!«, und was verändert sich für sie? Welche Rolle spielt der weibliche Körper bei dieser Entscheidung und welche Hindernisse werden einer Vereinbarkeit von Mutterschaft und eigenständiger Weiblichkeit in Selbstbestimmung in den Weg gelegt?

Die Biologie bestimmt, dass Frauen heute nicht ein Leben lang schwanger werden können. Dafür gibt es die unterschiedlichsten Erklärungen. Man könnte argumentieren, dass die Zellregenerationsfähigkeit im Alter abnimmt, die Anfälligkeit für Komplikationen wächst und vieles mehr. Vor tausenden Jahren, als die Menschen noch längst nicht so alt wurden wie heute, erstreckte sich die fruchtbare Phase der Frau bis ins letzte Lebensdrittel. Bei Männern ist und war es genauso. Damals galt für Frauen die Devise: Sex bedeutet Schwangerschaft, und Schwangerschaft bedeutet nicht unbedingt Familie, sondern kann auch ein Fluch sein, ein Risiko. Viele Frauen starben bei oder kurz nach der Geburt. Überleben war Glückssache. Für Kinder, Männer und Frauen. Sie bekamen viele Kinder; so viele eben, wie Befruchtungen stattfanden, und so viele, wie Schwangerschaften die neun Monate überstanden. Fiel die eigene Mutter aus, wurde das halbverwaiste Kind von Verwandten im Familienverbund aufgezogen, es starb aufgrund von Unterversorgung oder wurde wegen Nahrungsmangel von Sippengenossen getötet. Es gab keine Kindheit in unserem Sinne, keine ausgeprägte Mutterliebe in unserem heutigen Verständnis und den vorrangigen Wunsch, einfach nur zu überleben. Tod und Verlust waren allgegenwärtig. Kinder waren kein Segen, sondern manchmal auch Fluch. Sie waren weder automatisch erwünschte Gäste noch notwendigerweise Liebesobjekte. Sie waren in den meisten Fällen eben einfach da. Solange Mütter und Kinder zusammen da waren, hatten die Kinder eine Chance zu überleben, fiel die Mutter frühzeitig aus, war das Überleben in der Hand des Schicksals. In dem Alter, in dem Frauen früher bereits starben, denken Frauen heute an ihre Hochzeit.

Verschiebungen im Zeitstrahl

Heute endet die beste Zeit der fruchtbaren Phase von Frauen mitten in ihrem Leben, in einem Lebenszyklus, den viele noch als verlängerte Jugend wahrnehmen. Bessere hygienische Verhältnisse und medizinischer Fortschritt ermöglichen uns, nach der Kinderphase noch ein langes Leben zu führen. Würde die Mutter bei der Geburt sterben, würde der Vater das Kind aufziehen, oder ein Vormundschaftsrichter würde den Verbleib der Halbwaisen klären. Sterblichkeit ist keine Bedrohung mehr. Heute sind Kinder nicht mehr der einzige Lebensinhalt von Frauen, Schwangerschaften sind kontrollierbar. Kinder dürfen länger spielen und lernen. Insofern und weil Frauen nach und außer Kindererziehung heute noch andere Beschäftigungen haben, passt es ganz gut ins Lebenskonzept, dass Frauen heute lange genug leben, um ihre Sprösslinge aufzuziehen und ordentlich zu pflegen, bevor diese ins Leben ziehen. Die Phase bis zur endgültigen Selbständigkeit der eigenen Kinder war noch nie so lang wie heute. Manche Kinder scheinen erst mit Mitte 30 in der Außenwelt überlebensfähig. Frauen können vor und nach der Kinderphase (wenn sie Glück haben, auch währenddessen) die anderen Facetten ihrer Identität weiter pflegen. Eine sehr späte Mutterschaft, beispielsweise mit 70, würde dies unter Umständen dadurch vereiteln, dass nicht genug Zeit bliebe, die »Nesthocker« flugreif zu machen und ins Leben zu schicken.

Fruchtbarkeit und freier Wille

Avancen wie beispielsweise die vom Netzwerk Facebook, das seinen Mitarbeiterinnen das Einfrieren von Eizellen vorschlug, damit die Frauen später als in der hochproduktiven beruflichen Phase ihre Kinder auch sicher bekommen können, löste eine Welle der Empörung aus, dabei schien die Idee so logisch. Wenn es doch so schwierig scheint, Karriere und Kinder miteinander zu verbinden, dann könnte man sinnvollerweise die Kinderphase auf die Zeit nach dem Stress verschieben. So klar, so zynisch. Frauen wollen aber ihre Kinder dann bekommen, wenn sie die Entscheidung getroffen haben, sie zu bekommen, nicht zehn Jahre später. Sie wollen ihre Lebensträume verwirklichen. Und zwar genau zu dem Zeitpunkt, wenn es in ihr Leben passt. Dann, wenn alle anderen auch ihre Kinder kriegen. Menschen sind soziale Wesen. Am sichersten sind Kinder aufgehoben, wenn sie unter anderen Kindern in einer Generation ähnlich Gesinnter aufwachsen, so denken die meisten Paare. Also sollten sie in dem Moment auf die Welt kommen, wenn die Nachbarn, die Cousins, die Bekannten und Freunde ebenfalls Kinder bekommen. So kann man Erfahrungen austauschen und sich unterstützen. Zehn Jahre später ist diese Möglichkeit vorbeigezogen. Wer sich so komplex entscheiden muss, der feiert seine Entscheidung.

Schwierige Schritte: bewusste Mutterschaft

Die bunt verzierten Schwärme junger Frauen, die seit einigen Jahren die Wochenenden in Großstädten mit ihren Junggesellinnenabschieden bevölkern, zelebrieren den Moment der Entscheidung. Schluss mit jugendlicher Beliebigkeit. Die Phase des Durcheinanders soll vorbei sein, sie wollen heiraten. Und sie heiraten in den meisten Fällen, weil sie eine Familie wollen. Das tun sie gut geplant, generalstabsmäßig vorbereitet und mit aller Kraft. Sie setzen ein Zeichen. »Ich will erwachsen werden!« In einer Zeit des Jugendlichkeitswahns stellt dies offenbar eine notwendige Zäsur im Leben dar. Wer von Berufsjugendlichen und unsterblichen Idolen umgeben ist, könnte fälschlicherweise davon ausgehen, dass man niemals erwachsen wird. Da die allermeisten Frauen mit der Hochzeit auch den Wunsch nach Familie verbinden, ist dieser Wunsch zum Zeitpunkt des Junggesellinnenabschiedes bereits deutlich sichtbar am Horizont, manchmal sogar zum Greifen nah.

Der Moment, in dem sich eine Frau bewusst entscheidet, dass sie nun ein Kind will, ist ein recht einsamer. In vielen Fällen würden ihre Partner nämlich die Schwangerschaften dem Zufall überlassen oder noch hinauszögern. Schließlich haben sie das Zeitfenster nicht. Sie könnten, wenn sie wollten, bis ins hohe Alter Kinder zeugen. Es sind die Frauen, die »ich will« sagen und die Konsequenzen in der Regel bereits kalkuliert haben. Sie wissen, dass sie sich mit der Schwangerschaft aus dem Schönheits- und Jugendlichkeitszirkus entfernen, der heute so viel Platz im Leben jüngerer Menschen einnimmt. Sie treffen in den allermeisten Fällen eine bewusste Entscheidung, die einen Karriereknick oder das Karriereende bedeutet. Sie wissen, dass sie im Falle einer Trennung vom Vater des Kindes alleinerziehend sein werden. Dies wiederum bedeutet, dass sie in Kauf nehmen, materielle Einbußen zu erleiden. All diese Szenarien werden natürlich nicht ausgesprochen. Es gehört zur Natur von Neuanfängen und Wagnissen, dass man manche zu erwartenden Schwierigkeiten ausblendet. Doch die Fakten sind präsent. Frauen nehmen all diese antizipierten Schwierigkeiten in Kauf, wenn sie sich ein Kind wünschen. Es ist ein Riesenschritt, den sie bewusst gehen. Und der soll gefeiert werden. Man will ihnen ihre Junggesellinnenabschiede gönnen, wenn man sich vor Augen hält, was Mutterschaft für Frauen bedeutet. Umso dramatischer, wenn der Einsatz sich nicht lohnt, wenn sie den Preis fürs Kind zahlen, aber das Kind nicht kommen will. Ganze Konzepte von Weiblich-keit brechen in sich zusammen, wenn der hohe Einsatz verloren ge-glaubt wird, wenn Frauen das Gefühl haben, ihre Daseinsbestimmung nicht zu erreichen. Natürlich könnten auch sie, wie die Männer, ihre Energie in den Job stecken, um sich gebraucht und wertvoll zu füh-len. Doch erstens sind Frauenberufe in der Regel immer noch weniger dazu geeignet, Selbstwert und Motivation zu generieren, und zum an-deren fahren viele Frauen mit Kinderwunsch im Beruf nur noch hal-bes Tempo, um für ihre ggf. anstehenden Behandlungen Zeit zu haben oder dem Arbeitgeber durch einen Ausfall im »vollen Galopp« nicht zu sehr zu schaden. (Wie vorher ausgeführt.)

Weiblichkeit und das Gefühl, gebraucht zu werden, auf andere Weise zu kompensieren, ist für Frauen mit Kinderwunsch immens schwer. Ihr Zeitfenster schließt sich, die getroffene Entscheidung greift in alle Lebensbereiche ein. Sie können nicht »später noch« Kinder bekom-men. Nein, es muss jetzt sein. Ihre Weiblichkeit ist jetzt gefragt, nicht später. Dieser Druck lähmt und lässt verkrampfen. Das einzige Mittel gegen den Krampf ist der lockere Umgang mit anderen Frauen, mit dem Thema, mit den Schwierigkeiten. Bei den Recherchen zu diesem Buch kam ein Satz am häufigsten vor: »Bei so vielen anderen ist oder war es genauso. Man muss nur nachfragen.« Ungewollte Kinderlosig-keit ist kein Exotenthema. Sie ist allgegenwärtig. Sie ist kein Urteil über Weiblichkeit.

Man sagt Frauen eine größere Begabung nach, vernetzt zu denken. Sie haben meist mehr soziale Kontakte als ihre Partner. Diese Eigenschaf-ten und Talente sind grundweiblich, wenn es so etwas überhaupt gibt. Im Verbund mit anderen Frauen wird Weiblichkeit meist besser erfahr-bar. »Frauen-Dinge« zu tun, die nicht unbedingt etwas mit Kindern oder dem Kinderkriegen zu tun haben, lässt das Gefühl von Weiblichkeit über-leben. Selbsthilfegruppen und Gesprächsangebote helfen Frauen ebenso gut wie Männern. Manche Frauen veröffentlichen ihre Erfahrungen in Video-Tagebüchern oder Blogs und erfahren dadurch viel bestärkendes

Feedback. Sichern Sie sich gegen die Einsamkeit ab und trauen Sie sich zu sprechen. Das ist keine Garantie dafür, sich vor Schmerzen schützen zu können. Aber es hilft, den Glauben an sich, den eigenen Wert und den eigenen Lebenssinn besser zu bewahren. Männer dagegen können diese Lebensphase nutzen, um an ihren sozialen Kompetenzen zu arbeiten. Für viele ist es eine neue Erfahrung, wenn sie merken, dass vertrauensvolle Gespräche mit Freunden nachhaltige positive Ergebnisse zeitigen. Viele »Kinderwunsch-Männer« gehen sensibilisiert und kommunikationsbereiter aus der Phase hervor, die sie so intensiv mit ihren Partnerinnen verbracht haben.

8. Bedeutung von Familie

Es gibt einige Definitionen, die wir unausgesprochen akzeptieren, wenn wir über Familien sprechen. Der Ausdruck »Familie« hat unterschiedliche Bedeutungsebenen, die wir selten bewusst trennen. Dabei kann der Begriff bereits innerhalb einer Partnerschaft ganz unterschiedlich besetzt sein. Richard von Weizsäcker sagte einmal als Definition: »Familie ist da, wo Kinder sind.« Zählen dabei die Kinder der jüngsten Generation? Oder zählen wir selbst als Kinder unserer Eltern auch als Familie? Welche Kinder sind gemeint? Eigene? Leibliche? Adoptierte? Die des Partners? Enkel? Kinder von Freunden? Sind ungeborene Wunschkinder auch Kinder? Werden Paare zu Familien, wenn sie sich Kinder wünschen? Muss man verheiratet, verschieden-geschlechtlich sein, wenn man eine Familie werden will? Müssen die Kinder blutsverwandt sein? Sind Patchwork- oder Bonusfamilien[1] gleichwertig? Wenn nein, warum nicht? Hier spielen verschiedene Faktoren mit, die es sich zu vergegenwärtigen gilt, wenn wir uns der Frage nähern wollen, was Familie für uns konkret bedeutet und warum eigene Kinder so wichtig für uns sind.

Juristische Definition

Rechtlich gesehen geht es beim Familienbegriff um dokumentierte Verwandtschaftsverhältnisse. Ehe, Kindschaft, Adoption, Elternschaft, all diese schriftlich fixierten Identitätsmerkmale fallen darunter. Es geht hier um den Erwerb von Rechten (zum Beispiel, wenn man Mitsprache bei der ärztlichen Betreuung seines Partners haben möchte und dies nur darf, wenn man ein Verpartnerungsdokument vorweisen kann). Erben und Vererben sind nach wie vor wichtige Themen in Familien. Zwar erscheinen sie Paaren mit Kinderwunsch in der aktuellen Phase

---

1 Jesper Juul: »Aus Stiefeltern werden Bonus-Eltern«, Kösel, München 2010.

meist nicht vorrangig, aber spätestens, wenn das Vermögen der Eltern oder das eigene Vermögen erhalten oder weitergegeben werden soll, wird nach Kindern gefragt werden. In vielen Familien wird auch nach wie vor auf den »Stammhalter« gesetzt, der den Betrieb weiterführen kann oder soll. (Viele Unternehmensberater verdienen ihr Geld damit, Eltern zu helfen, deren Kinder das eben NICHT wollen.) Familie ist also durchaus ein juristischer Begriff, der festlegt, wer an Rechten und Vermögen partizipieren darf, wer wem Informationen überlässt, wer wen versorgen muss.

Biologische Dimension

Die biologische Dimension greift auf alle Mitglieder der Ahnenreihe über, die genetisch verwandt sind. »Blut ist dicker als Wasser« heißt es, Blutsverwandtschaft sicherte früher den Besitz. Nur wer wirklich zur Familie gehörte, war vertrauenswürdig.

Heute, in Zeiten von unterstützter Elternschaft, unterbricht ein unerfüllter Kinderwunsch die Ahnenreihe – oftmals unbemerkt vom Rest der Familie. Samenspenden und Eizellspenden führen dem Genpool neues, unbekanntes Material zu. Dies kann relevant werden, wenn es zu Blutgruppenähnlichkeit oder Organspenden kommen sollte, wenn vererbte Merkmale zum Vorschein kommen, mit denen niemand rechnet. Der soziale, familiäre Vater ist in solchen Fällen eben einfach nicht mit dem biologischen Vater identisch, bei einer Eizellspende ist die Mutter nicht die biologische Mutter. Wenige würden das je merken. Die biologische Ähnlichkeit zwischen Kindern und Eltern ist eben sehr unterschiedlich ausgeprägt. »Das hat sie vom Papa« heißt es auch oft, wenn Tochter und Vater nicht miteinander verwandt sind. Gäbe es nicht entsprechende Gesetze, die heute den Kindern von durch Samenspenden gezeugten Kindern den Zugang zu ihren leiblichen Eltern gewähren würden, könnten Eltern die biologische Herkunft ihrer Kinder ein Leben lang verschweigen. Außerdem stellt sich früher oder später die Frage, was die Kenntnis der eigenen biologischen Herkunft mit den dann Heranwachsenden macht. Familientherapeuten und Psychologen sind sich einig, dass Kinder wissen sollten, wer ihre biologischen Eltern sind – und zwar möglichst früh. So haben sie die Chance, diese Information in ihre Identität einzubauen. Wer per Zufall oder in einer Notsituation davon erfährt, dass er mithilfe von Spendersamen gezeugt wurde, kann den Schrecken seines Lebens davontragen. Paaren mit Kinderwunsch sollte bewusst sein, dass sie im Fall einer Samen- oder Eizellspende früher oder später mit dem Thema konfrontiert werden. Das Wissen um die Tatsache, ein Kind aufzuziehen und zu lieben, das biologisch nicht mit uns verwandt ist, wird ein ständiger Begleiter sein, mal unmerklich, mal überdeutlich. Es ist eine Paaraufgabe, dieses Wissen gemeinsam zu verwurzeln und gemeinsam zu überlegen, wie man es eines Tages an die Kinder weitergeben wird.

»Blut ist dicker als Wasser«

Manche Eltern, manche Väter, können den Gedanken, mit einem Kind, das sie nicht »selbst gezeugt« haben, nicht leben. Adoption oder Spendermaterial kommen für sie nicht infrage. Hier lohnt sich der Blick in die eigene Vergangenheit, wie er im Kapitel »Männlichkeit und Weiblichkeit« vorgeschlagen wird. Er wird nicht unter allen Umständen dazu führen, dass man seinen Widerstand gegen ein Kind mit anderem Genpool aufgibt, aber es regt zu Gesprächen an, die vieles klären, Gemeinsamkeit erzeugen und aus der Endlosschleife »Warum« oder »Warum denn nicht?« herausführen. Hierzu empfiehlt sich eine Methode aus der Paartherapie, die schon vielen Paaren geholfen hat, neue Impulse in ihre Unterhaltungen zu bringen, die verfahren schienen und keine neuen Aspekte mehr brachten. Sie nennt sich Zwiegespräch und setzt auf das, was man im weitesten Sinne mit dem vergleichen kann, was Heinrich von Kleist »Die Verfertigung der Gedanken beim Reden«[1] nannte.

---

1 »Über die allmähliche Verfertigung der Gedanken beim Reden« ist ein Aufsatz des Schriftstellers Heinrich von Kleist, der wahrscheinlich 1805 oder 1806 entstand. Sein Grundgedanke war: »Die Idee kommt beim Sprechen.«

Übung

Ein Zwiegespräch funktioniert so: Sie nehmen sich eine Stunde Zeit füreinander. Niemand darf Sie stören, das Handy wird ausgestellt, die Klingel möglichst auch. Sie suchen sich einen Platz, an dem Sie sich gegenübersitzen können. Während dieser Stunde passiert nichts anderes, als dass Sie sich etwas über sich erzählen. Ein Partner fängt an und hat eine halbe Stunde Zeit, in der er oder sie sprechen kann, ohne unterbrochen zu werden. Der andere hört ruhig zu. Er oder sie darf Notizen machen, aber nicht rückfragen. Alles darf gesagt werden, Einwände, Kommentare und Entgegnungen sind nicht erlaubt, Kommentare, auch nonverbale, sind zu unterlassen. Nach einer halben Stunde wird dann getauscht. Der andere ist dran. Für ihn oder sie gelten gleiche Regeln. Die Partner dürfen jetzt auseinandergehen und in Ruhe die Worte nachwirken lassen. Wer Bedarf hat, kann mit dem Partner für den nächsten Tag einen Zeitpunkt für Nachfragen verabreden, aber niemals am selben Tag. Mögliche Themen bei einem Zwiegespräch beispielsweise zum Thema »Familie«:

- Woher komme ich?
- Als was wurde ich dort angesehen?
- Familienmuster
- Familienmythen
- Familiengeschichten
- Familienkooperationen
- Familienkommunikation
- Familienerwartungen – und Wünsche
- Familienmachtkämpfe
- Familienvermächtnisse
- Familienrituale
- Grenzen und Abgrenzungen in der Herkunftsfamilie

Nach diesem Muster könnten Sie beispielsweise ein Zwiegespräch zum Thema »Normalität« oder »Meine Vorstellung von Kindheit« führen. Natürlich kommen auch alle anderen aktuellen Themen als Inhalt infrage.

- Was mich gerade bewegt
- Was mich aufregt
- Was ich mir wünsche
- Was mich traurig macht
- Was mich kränkt
- Wovor ich Angst habe
- Was meine Vorstellung von ... ist
- Was im Augenblick einfach zu kurz kommt
- Was mich gefreut hat ...

Psychologische Definition von Familie

Hier zählt das subjektive Erleben von Zusammengehörigkeit. Wer dazugehört, definieren die Mitglieder selbst. Emotionale Nähe und Verbundenheit sind die obersten Kriterien für diese Art von Zusammenhalt. Die psychologische Dimension des Familienbegriffs braucht keine Dokumente oder Blutsverwandtschaft. Andererseits haben die Mitglieder auch das Recht, ihre Zugehörigkeit selbst zu bestimmen. Wer zu einzelnen Familienmitgliedern keine enge Bindung haben möchte, kann auf Distanz gehen, was unter Umständen zu Spannungen führen kann. Die psychologische Definition von Familie umfasst auch alternative Lebensformen wie polyamore Geflechte, Bonuseltern-konstellationen oder Wohngemeinschaften. Sie haben in der Regel eine ähnliche Beständigkeit wie Regelfamilien, aber nicht deren Repräsentanz nach außen. Sie werden z. B. von der Politik nicht als so schutz-würdig angesehen wie die »Vater-Mutter-Kind«-Familie. Dieses schein-bar nebensächliche Detail erklärt aber teilweise die Sehnsucht nach einer konventionellen Familie. Diese steht unter einem besonderen Schutz. Das Schlüpfen unter eine gesellschaftlich honorierte Schutz-haube hat einen tröstlichen, einen Aspekt von Sicherheit und Gebor-genheit. In der konventionellen Familie werden die Sehnsüchte nach etwas, das bleibt, befriedigt. »Gib mir ein kleines Stückchen Sicher-heit, in einer Welt, in der nichts sicher scheint!« sangen Silbermond vor einigen Jahren. Und diese Sehnsucht will ein elementares Grundbedürfnis befriedigen. Insofern ist der Wunsch nach einer eigenen, »selbst gemachten« Familie ebenso verständlich wie nachvollziehbar. Es ist durchaus nicht dasselbe, ein Kind zu adoptieren oder es durch Geburt in die eigene Familie zu bringen. Es ist etwas grundsätzlich anderes, ob eine Patchwork- oder Bonusfamilie zusammenlebt oder eine Kernfamilie im konventionellen Sinn. Es macht sehr wohl einen Unterschied, zumindest in der biologischen Betrachtungsweise, ob das eigene Kind durch eine Samenspende gezeugt wurde oder auf natürlichem Weg. Wenn noch mehrere der genannten Faktoren in einer Familie zusammentreffen, ist das für ein Paar eine Herausforderung.

» *Hannah bringt in die Beziehung zu Bernd ihre kleine Tochter Lilly mit. Bernd liebt Lilly und adoptiert sie. Hanna wünscht sich mit Bernd aber noch ein Kind, was letzten Endes nur durch eine Samenspende realisiert werden kann. Bernd hat also zwei Kinder. Eines, das er durch Adoption legal angenommen hat, und ein leibliches, das aber nicht seiner biologischen Urheberschaft entspringt. Bekommen die beiden dann auf natürlichem Wege unter Umständen Jahre später noch ein weiteres Kind (was gar nicht so selten passiert), dann leben unter diesem Dach und im Rahmen einer ganz normalen Familie drei unterschiedliche Konstellationen mit drei unterschiedlichen Kindschaftsverhältnissen. Als Paar haben Hanna und Bernd nun die Aufgabe, ein Modell zu entwickeln, das die Unterschiedlichkeit der Entstehungsgeschichten akzeptiert und im Blick behält und gleichzeitig einen Rahmen dafür bietet, dass alle sich geliebt und anerkannt fühlen. Diese Aufgabe verändert die Partnerschaft unter Umständen, wenn auch alles nach außen lustig und locker erscheint. Paare tun gut daran, die Unterschiedlichkeiten ernst zu nehmen und die Gemeinsamkeiten immer wieder herauszustellen. Familie ist eben mehr als das, wonach sie aussieht.*

9. Kinder-los oder glücklich zu zweit? Liebe und Partnerschaft

Inselträume

Wie soll man sie nennen, diese Phase der Kinderwunschzeit? Nennt man sie »Kinderwunschphase«, scheint das restliche Leben ausgeklammert. Nennt man sie »Übergangsphase«, nimmt man ihr den Sinn. Fest steht: Es ist »nur« eine Phase, und je nach Glück, Pech, Geduld und Leidensfähigkeit währt sie länger oder kürzer. Sie beginnt mit der Erkenntnis, dass die ersehnte Schwangerschaft schwieriger zu erreichen ist als erwartet, und endet oft viele Jahre später. Mit oder ohne Kind. So zumindest kann man sie zeitlich und inhaltlich rahmen.

Fragt man Paare, wie sie die Phase im Nachhinein sehen, bekommt man so viele unterschiedliche Antworten, wie es Paarcharaktere gibt. Von »Chaos« bis »da muss man durch« und »gar nicht so schlimm« gibt es die unterschiedlichsten Bewertungen, immer abhängig davon, ob das befragte Paar inzwischen mit Kind(ern) oder ohne lebt. Faszinierend erscheint in diesem Zusammenhang die Antwort einer Klientin, die eine schöne Metapher entwickelte: »*Angefangen haben wir inmitten der Gesellschaft mit vielen Freunden. Das war sicherer Boden. Wir waren wie alle anderen. Haben Partys gefeiert, Pläne geschmiedet, gelacht, sind arbeiten gegangen. Wir hatten dieselben Probleme und denselben Alltag. Doch mit der Zeit und dem Fortschritt der Behandlungen wurde es still um uns. Je intensiver die Bemühungen wurden, desto weiter drifteten wir in die selbst gewählte Einsamkeit. Irgendwann haben wir fast nur noch auf unserer kleinen Insel gelebt. Sie war irgendwo im Meer, ein Niemandsland der Gefühle und Hoffnungen. Nicht viele Menschen hatten Platz darauf, und die meisten verließen die Insel sowieso nach ganz kurzer Zeit. Nachdem wir die ersten sogenannten Freunde durch gesundheitlich / medizinisch bedingte Absagen und immer die gleichen Geschichten von Misserfolg und Belastung vergrault hatten, blieben nur*

noch ein, zwei Menschen übrig. Sogar die Familie hat sich peu à peu ver-
abschiedet. Am Ende waren wir fast allein. Im Niemandsland, das nur
von uns bewohnt wurde. Wir fanden das verständlich und akzeptierten
es, so in Ruhe gelassen zu werden. Es musste ja niemand verstehen, was
wir taten und warum wir so handelten. Aber wenn wir dann noch von
außen beschossen und angegriffen wurden, wurde es sogar uns zu viel.
Menschen machen so viel dummes Zeug mit ihrem Leben, und keiner
kritisiert sie dafür. Aber beim Thema ›Kinderkriegen‹ hat jeder eine Mei-
nung – egal, wie unreflektiert sie auch sein mag. Wären wir nur einsam
gewesen auf unserer Insel, wäre es ja noch okay gewesen. Aber dass sich
jeder berufen fühlte, noch einen Kommentar in unsere Richtung zu schie-
ßen, hat uns mürbe gemacht.«

(Und danach?)

Mit Eintritt in die Phase des Kinderwunsches beginnt eine neue Lebensphase. Kommt eine Befruchtung glücklicherweise spontan zu-
stande, folgt eine mehrmonatige Wartezeit, in der man sich auf das
neue Leben einstellen kann. Eine Schwangerschaft bietet die optimale
Vorbereitungszeit. Neun Monate sind gerade lange genug, um sich
geistig auf einen neuen Lebensabschnitt vorzubereiten, und gerade so
lang, dass die meisten Eltern irgendwann ungeduldig werden und die
Geburt herbeisehnen. Unterdessen kann man Freunde informieren,
ein Kinderzimmer herrichten, berufliche Weichen stellen und vieles
mehr erledigen, damit der Start in die Elternschaft auf Anhieb gelingt. Ein anregender, aufregender Wechsel von Wünschen, Warten,
Bekommen und neuem Leben ist die Idealvorstellung der meisten Eltern.

Dauert die Phase bis zum Eintreffen des Kindes mehrere Jahre,
verschieben sich die Grenzen und Prioritäten. Aus einem harmonischen Wechselspiel werden zähe und anstrengende Erlebnisketten
in der Hoffnung auf Erfolg. Während dieser Zeit und dem »Umzug
auf die Insel im Niemandsland« wird die Geburt zum Endpunkt des
Sehnens. »Nur irgendwie schwanger werden, das Kind behalten, aus-

tragen dürfen, auf die Welt bringen!« lautet der einzige Eintrag auf dem Wunschzettel ungewollt kinderloser Eltern. Die darauffolgende Phase des Wandels (auch in der Partnerschaft) haben Paare oft nicht im Auge. Wie auch?

Zu Ende ist es erst am Schluss

Denn erst wenn das Kind schließlich da ist, geht das Leben mit dem »richtigen« und nicht nur erdachten Kind los. Manche wundern sich dann, dass auch das Leben mit dem Baby selbst noch einmal eine solch tief greifende Veränderung bringt, hatten sie doch angenommen, bereits alles miteinander erlebt und durchlitten zu haben. Schlaflose Nächte, oft auftretende gesundheitliche Beeinträchtigungen beim Kind und den Eltern, Stress und Langeweile, die oft grenzenlose Ödnis von Nächten mit einem Kind auf dem Arm auf und ab laufend bringen oft nicht die erhoffte Belohnung für die Mühen, sondern eine weitere Belastung. Eltern von Wunschkindern lassen diese Gefühle von Verdruss vielfach nicht zu. Wollen sie nun noch undankbar sein? Sie haben doch alles, was sie wollten. Sie gestatten sich oft nicht, auch einmal über schlaflose Nächte zu jammern oder tief zu seufzen, wenn sie das in der Nacht dreimal bespuckte Bettzeug des Kindes waschen müssen. Und wieder geraten sie in eine Sonderrolle. Während andere Eltern die Strapazen der Elternschaft scheinbar genüsslich ausbreiten und verständnisvolles Schulterklopfen ernten, halten sie sich lieber bedeckt. Schließlich wollen sie nicht der Undankbarkeit bezichtigt werden. Und sie wollen auch nichts heraufbeschwören. Nur der kleinste Kommentar, die dezenteste Beschwerde könnte für riesige Gewissensbisse sorgen, wenn dem Kind auch nur irgendetwas geschieht.

Noch weiter gedacht

Wie finden Eltern nach der Geburt wieder zu ihrem Paarrhythmus zurück? Was passiert, wenn auch die anstrengende Babyphase ihrem Ende zugeht? Welche Ziele sollen dann verfolgt werden? War das Kind das gemeinsame Projekt, oder ist da noch mehr?

Ein betroffenes Paar beschrieb die Phase der Kinderwunschzeit als eine, in der die Schnittmenge aus »ihm« und »ihr«, die Beziehung, schließlich fast zur Gänze vom Kinderwunsch ausgefüllt war. »Ihn« und »Sie« gab es faktisch kaum noch. Stattdessen tat sich eine riesige Schnittmenge auf, die mit Kliniklogistik, Warten, Bangen, Hoffen und gegenseitigem Beistand gefüllt war. Ihre persönlichen Belange und Interessen wurden an den Rand gedrückt. Erst nach der Geburt ihres Wunschkindes und lange nach den Problemen der ersten Zeit beginnen sie heute wieder, sich in winzigen Schritten ihre Welt als Paar zurückzuerobern. Sieben Minuten Sauna, eine Bierlänge auf der Terrasse und ein gemeinsamer Spaziergang mit dem Hund sind oft die ganze Paarzeit, die bleibt. Sie sagt, es liege noch ein so langer Weg vor ihnen. Es werde noch Lebensphasen mit ihrem Mann geben, in denen das Thema »Kinder« keine Rolle mehr spielen werde. Darauf freue sie sich auch, ebenso wie auf die Zeit, die sie beide noch mit ihrem Sohn verbringen dürften.

»Es sind halt alles nur Phasen. Das muss man sich immer wieder klarmachen, dann verlieren die schlechten Zeiten ihren Schrecken. Alles sind Phasen. Nichts bleibt.« (Anna, 34 Jahre)

10. Ziele und Lebensträume von Paaren mit Kinderwunsch

Der Partner für alle Phasen des Lebens fällt nicht vom Himmel. Und was macht den »richtigen« Partner überhaupt aus? Äußerlichkeiten sind es meistens nicht. Rein materielle Vorzüge scheiden ebenfalls aus. In uns steckt ein innerer Kompass, der an manchen Menschen zielsicher vorbeilenkt, auf andere aber zusteuert. Als wüssten wir intuitiv, wer zu uns und unseren Antrieben passt, gehen manche Beziehungen wie von selbst zu Ende, andere verfestigen sich scheinbar ohne unser Zutun. Manche Partner lassen wir in der Biografie hinter uns, manche dürfen bleiben, am liebsten für immer. Woher wissen wir, wer wirklich zu unserem Leben passt? Wir suchen unbewusst nach dem Menschen, von dem wir uns am besten vorstellen können, dass er unsere eigenen Träume und Hoffnungen begleitet. Dieser wird zu unserem Lebensmenschen. Und nur mit diesem Menschen gelingen persönliche Projekte, erfüllen sich eigene Träume. Einer dieser Träume kann eine Familie sein. Andere Träume könnten berufliche Verwirklichung, ewige sexuelle Erfüllung, größtmögliche Freiheit und Unabhängigkeit oder materielle Versorgung bedeuten.

Warum muss es ausgerechnet er / sie sein?

»Die Ärzte« sangen 1985 in ihrem Song »zu spät«: »Du liebst ihn nur, weil er ein Auto hat und nicht –wie ich – ein klappriges Damenrad.« Grausam. Wegen eines lächerlichen Autos nicht zum Mann fürs Leben zu werden, ist bitter. Die Besungene hat den Rivalen aber möglicherweise nicht gewählt, weil er ein Auto hat und sie das Auto so mag, sondern weil dieses Auto ihr ermöglicht, ihre eigenen, höchstpersönlichen Wünsche zu erfüllen. Vielleicht will sie aus dem Kleinstadtmief fliehen, und eben dieses Auto ermöglicht ihr diese Option. Es gibt tausende Möglichkeiten, warum sie ausgerechnet den Typen mit dem Auto gewählt hat. Wahrscheinlich aber war es nicht das klapprige Damenrad, das sie vertrieben hat. Hinter der Auswahl eines Partners stehen nämlich manchmal handfeste Aufforderungen. In diesem Fall hieße sie: »Bring mich hier raus!«

Andere könnten sein: »Ich will um jeden Preis über den Lebensstandard meiner Eltern hinauswachsen.« Eine Klientin beschrieb es so: »Meine Eltern haben gesagt, dass eine Mutter an den Herd gehört. Ich will ihnen beweisen, dass das nicht stimmt.« Andere führten dieses an: »Wenn ich nicht mit meinem Bruder gleichziehen kann, habe ich versagt. Partnerin, hilf mir dabei, ihn möglichst zu überholen!« Persönliche Antriebe sind so verschieden wie die Menschen, die ihnen folgen. Unseren oft unbewussten Träumen und Zielen ordnen wir in großer Freiwilligkeit und Großzügigkeit andere Werte unter. Wir verzichten auf manches, wenn wir Wichtiges erreichen wollen. Beziehungen funktionieren auf der Grundlage solcher meist unausgesprochener Wünsche und Versprechen so lange, bis ein Umstand eintritt, der die Erfüllung des Versprechens verhindert. In solchen Momenten schleichen sich dann manchmal Enttäuschung und Vorwürfe ein, die beginnen, am Fundament der Beziehung zu kratzen und sie schließlich zu zersetzen. Gerade, wenn eine Familiengründung in die unausgesprochene Agenda aufgenommen wurde oder schon immer da war, lohnt sich der Blick auf die zu Beginn der Beziehung gegebenen Versprechen. Sie sind enorm wichtig, denn sie bestimmen, wie und warum wir in der Partnerschaft so und nicht anders agieren. Warum tun wir Dinge so, wie wir sie tun? Welchen unsichtbaren und unausgesprochenen Vorgaben folgen wir? Wer in der Familie prägt unser Bild dessen, was gut und wünschenswert ist? Ein Blick zurück in die eigene Herkunftsfamilie ist auch hier ein sehr lohnenswertes Projekt. Oft erkennt man erst in der Rückschau die Zwangsläufigkeiten und Aufträge, die man zeitlebens mit sich herumträgt.

Wohnort, Standort, Haus

Kinder bedeuten mehr als Schwangerschaft und Geburt, das ist eine Binsenweisheit. Eltern mit Kinderwunsch aber wird im Laufe der Zeit nur allzu bewusst, wie weitreichend die Veränderungen in der Lebensplanung, auch die reine Idee von einem Kind, schon sein können. Neben den Auswirkungen auf Beruf und Freundeskreis spielen in die Planung auch noch Faktoren hinein, die das Leben erheblich intensiver prägen, als sich Außenstehende das vorstellen können. Beispielsweise will entschieden sein, wo und wie man als Paar und Familie in spe leben will. Bereits hier definiert sich die neue Lebensrichtung.

Wer sich auf ein Leben mit Kindern freut, stellt auch an die (Wohn-) und Lebensumgebung ganz andere Ansprüche als Paare, die keinen Nachwuchs planen. Gesundheitliche Aspekte wie Verkehrsbelastung, Lärm, Naherholung in der Umgebung oder Miethöhe spielen plötzlich eine größere Rolle als zuvor. Die Erreichbarkeit von Ärzten, Einkaufsmöglichkeiten und anderen Eltern rücken in den Fokus. Im Studentenviertel mag jeden Abend etwas anderes los sein. Was lange Zeit attraktiv war, verliert aber mit der Entscheidung für ein Kind langsam an Bedeutung. Andere Eltern gibt es nämlich in diesem Umfeld wenige, also auch wenig Austausch über eigene Themen und wenig Unterstützung in Alltagsfragen. Auch ästhetische Anforderungen an die eigene Wohnung verlieren an Bedeutung, wenn man einen weiteren, kleinen Mitbewohner einplant. Die großzügige Altbauwohnung mit offener Raumgestaltung ist für Pärchen schick, für Familien aber unter Umständen schlecht. Wer jemals unter einer Familie mit kleinen Kindern in einem Haus mit Parkettfußboden gewohnt hat, kennt eines der Argumente, warum Eltern sich oftmals nach eigenen vier Wänden sehnen. Wer aber ohne Aufzug mit zwei quengelnden Kindern sechs Stockwerke hinaufklettern muss und dann umkehrt, weil der Schlüssel noch im Buggy liegt, weiß die Annehmlichkeiten kinderfreundlichen Wohnraums zu schätzen. Und wer in einer Großstadt zwar eine Menge unterschiedlicher Läden, Museen und Konzertarenen, aber keine Oma in der Nähe hat, fantasiert von einem kleinen Eigenheim irgendwo am Stadtrand oder auf dem Land.

Wenn Kinder geplant sind, überlegen Paare lieber einmal zu oft als einmal zu wenig, wo sie leben werden. Ziehen wir wirklich noch einmal Job-bedingt um? Womöglich in eine Großstadt mit unbezahlbar hohen Mieten? Ins Ausland gar, wo man sich entscheiden muss, ob das Kind in der Landessprache aufwachsen soll, wo es vielleicht kein gutes Gesundheitssystem, wenig gute Schulen gibt? Oder entscheidet man sich, im weiteren Umkreis einer der Herkunftsfamilien zu bleiben, damit man, wenn die Kinder da sind, auf Unterstützung rechnen kann? In Deutschland sind solche Überlegungen durchaus nachvollziehbar. Nirgends in Europa ist die Kinderversorgung für berufstätige Frauen und Familien so mangelhaft gelöst wie hier. Wer berufstätig sein will oder muss, der braucht Oma und Opa im Hintergrund. Diese leben meist jedoch nicht in den Städten, in denen das größte berufliche und kulturelle Angebot herrscht. Manchmal zähneknirschend, manchmal bereitwillig, entscheiden sich Paare dann dafür, in eine vergleichsweise langweilige, dafür aber sichere und versorgte Umgebung zu ziehen, wo sie bezahlbaren, kinderfreundlichen Wohnraum finden. Sie entfernen sich von ihrem bisherigen Leben zugunsten einer Idee von Familie. Hier zeigt sich die Tragweite solcher Entscheidungen. Und all diese Entscheidungen spielen sich zumeist auch noch privat und unbemerkt im Rahmen der Beziehung ab, sie werden selten kommuniziert. Freunde und Bekannte stehen dann manchmal ratlos vor den schwer nachvollziehbaren Entscheidungen eines Paares und wundern sich.

So wird die Frage des Wohnorts im Kontext des Kinderwunsches zum ersten Mal zur echten Lebensentscheidung. Für ein Leben mit Kindern, gegen ein Leben mit viel Abwechslung, möglicherweise gegen Unabhängigkeit und Vielfalt der Möglichkeiten. Viele Paare empfinden gleichzeitig jede Entscheidung, die sie nicht in ihrer Umwelt kommunizieren können, als Schritt in eine nur teilweise selbst gewählte Einsamkeit, die beide Partner erst zusammenschweißt und irgendwann zu einem Gefühl der Verinselung führt, einer gemeinsam erlebten Einsamkeit. Während die Freunde in Köln oder Berlin weiter ihr Jugendleben fortsetzen, findet sich das Paar mit Kinderwunsch in der Mietwohnung im Bergischen Land oder in Verhandlungen über einen Kredit bei der Bausparkasse wieder.

Und wo lebt man, wenn man in die Nähe der Eltern oder in eine kinderfreundliche Umgebung zieht? In einem Neubaugebiet? Baut man auf dem elterlichen Grundstück, oder lebt man gar in deren Haus? Sind solche Überlegungen erst einmal angestellt, stellen sich die Weichen unumkehrbar. Wer sich für ein Eigenheim entscheidet und in einem Neubaugebiet wohnt, der muss sich darauf einstellen, dass um ihn herum noch ein Dutzend Nachbarn gleichen Alters einziehen, die in den kommenden Jahren ebenfalls an die Familienplanung gehen werden. Viele Kinder werden geboren werden. Kinderwagen werden die Straße hinauf- und herabgeschoben werden, während unter Umständen im eigenen Haus zwei fertig eingerichtete Zimmer auf ihre Bewohner warten. Diese Situation kann sehr belastend sein. Conny berichtet: »*Wir haben hier in der Straße immer zusammengehalten. Aus Ackerfläche wurde mit der Zeit eine Siedlung. Schon in der Rohbauphase haben wir zusammen Fußball geschaut. Inzwischen wohnen alle hier, und die Kinder schießen fast wie die Pilze aus dem Boden. Und wir? Kein Mensch zieht hierher, der keine Kinder will. Das wissen alle hier. Und schon kamen vor einiger Zeit die ersten Fragen. ›Wollt ihr keine Kinder?‹ Inzwischen wissen manche Bescheid, und von manchen wissen wir auch, dass es ihnen ähnlich geht wie uns. Aber das führt auch dazu, dass die Nachbarn falsche Rücksichten nehmen. Neulich kam meine Nachbarin von nebenan und meinte, sie sei unsicher, wie sie es mir sagen solle, aber sie wolle eben schon, dass ich es wisse. Kurz: Sie sei schwanger. So was Blödes. Natürlich freue ich mich mit ihr. Ich bin ja nicht krank. Aber so langsam fühlen mein Mann und ich uns wie Außenseiter, der Druck wächst. Was, wenn wir wirklich keine Kinder bekommen können? Müssen wir dann hier wegziehen und was passiert mit dem Haus? Am Ende der Straße lebt ein Paar, das inzwischen alle Zyklen der KiWu-Behand-*

lung hinter sich hat. Da geht nichts mehr. Die trennen sich jetzt und ziehen weg. Wird es uns auch so ergehen?«

Wohnort und materielle Sicherheit gehen Hand in Hand. Man kann in den meisten Fällen nicht einfach da wohnen bleiben, wo man gerade ist, wenn Kinder kommen. Spätestens beim zweiten Kind reicht die Wohnfläche nicht mehr aus, viele Paare entscheiden sich für den Bau eines eigenen Hauses, was wiederum auf die Paardynamik besondere Auswirkungen hat und noch einmal ein ganz eigenes Thema darstellt.

Neben der körperlichen, seelischen, sozialen und spirituellen Ebene ist also auch die materielle Ebene unmittelbar betroffen, wenn die Idee vom gemeinsamen Kind entsteht. Entscheidungen werden getroffen, die das Paar zusammenhalten und das gemeinsame Versprechen bekräftigen, eine Familie werden zu wollen. Nicht nur im Kopf wird die Idee konkret, sie zementiert sich buchstäblich in bleibenden Werten. Nicht nur Kinder, dies wird hier überdeutlich, sondern auch schon die Planung von Elternschaft, verändern die Perspektiven eines Paares. Ebenso wie die Nestbau-Aktivitäten verleihen die gegebenen Versprechen dem Paarcharakter eine ganz besondere Note.

Paare tun gut daran, darüber nachzudenken, wie sie die einzelnen Bereiche ihres Lebens dauerhaft intakt halten wollen. Hierzu gibt es das sogenannte Energie-Fass-Modell: Stellt man sich das Leben wie ein mit Lebensqualität zu füllendes altmodisches Holzfass vor, so stellen die Bereiche Gesundheit, Spiritualität und Selbstverwirklichung, soziale Bindungen, materielle Sicherheit und Arbeit die hölzernen Planken des Fasses dar, die dazu führen, dass der Inhalt, die Lebensenergie, nicht abfließen kann, sondern gehalten wird. Es ist hierbei darauf zu achten, dass die Planken möglichst gleich hoch sind. Ist nämlich nur eine einzige Planke zu kurz oder beschädigt, besteht keine Möglichkeit mehr, die Energie zu halten – sie fließt ungenutzt ab. Gleichzeitig können Stress und Belastungen nicht mehr aufgefangen werden, der Energielevel sinkt, man fühlt sich ausgelaugt und schwach. Insbesondere der Teil »Selbstverwirklichung

und Spiritualität« wird meist als »überflüssige Nebensache« abgetan und vernachlässigt. Dabei ist er genauso wichtig wie die anderen Bereiche, für die wir uns (Beispiel: Arbeitsleben) so engagiert einsetzen. Gelegentliche Ressourcen-Konferenzen können Paaren helfen, den Überblick in Zeiten zu bewahren, in denen man dazu neigt, sich auf eine Sache allein zu konzentrieren. »Was tun wir zusammen und jeder für sich für unsere Gesundheit und Fitness, für unsere sozialen Kontakte, für unser Seelenheil?« Die Möglichkeiten, den Tank hier wieder aufzufüllen, sind individuell und vielfältig. Für die Pflege des sozialen Bereiches / Freundschaft reicht manchmal der Anruf bei einem alten Freund, für das Seelenheil muss es nicht gleich ein Klosterwochenende sein. Viele Menschen tun sich Gutes für die Seele bei einem Spaziergang in einem üppig grünen Wald, an der See, beim Singen oder bei kreativer Betätigung. Gerade in Zeiten des Kinderwunsches ist es wichtig, auf den anderen genauso zu achten wie auf sich selbst und aktiv zur Selbstfürsorge beizutragen.

Geheime Beziehungsverträge

Menschen funktionieren nach dem einfachen Unterscheidungsschema »gut für mein System« und »schädlich für mein System«. Das gilt für Individuen wie für Beziehungskonstellationen. Unser Gehirn neigt dazu, sich ständig und automatisch daran zu orientieren, was auf den ersten Blick gut und einfach aussieht. Für alles, was anstrengt oder unangenehm ist, braucht es vom Verstand einen guten Grund, die Anstrengung gegen alle Widerstände doch zu unternehmen. Natürlich würden wir morgens lieber im Bett liegen bleiben. Unser gesamtes System wehrt sich beim Gedanken an Duschen, Frieren und Berufsverkehr. Wir schimpfen und fluchen und spielen mit dem Gedanken ans Krankfeiern. Aber unserem Vernunfthirn fällt jeden Morgen aufs Neue eine Reihe von Gründen ein, die uns dann doch aufstehen lassen. In Beziehungen ist es ähnlich. Natürlich würden wir gerne einfach in den Tag hinein leben, alle möglichen erotischen Abenteuer zulassen, ungefragt unseren Willen bekommen und uns grundsätzlich und ohne Widerspruch in Meinungsverschiedenheiten gegen den Partner durchsetzen. Wir haben schließlich aus unserer Sicht einfach meistens recht und die besseren Argumente. Dass wir uns (nach der Verliebtheitsphase, in der sowieso alles leicht scheint) doch mit den unangenehmen Seiten und Aspekten einer Beziehung auseinandersetzen, hat damit zu tun, dass unser Vernunfthirn uns mit plausiblen Gründen versorgt, warum eine Beziehung gut für uns ist. Wir wollen und bekommen dort etwas; dafür sind wir bereit, etwas zu geben. Auch wenn diese Betrachtungsweise vom Handeln und Tauschen kommerziell klingt und dem spirituellen Begriff von Liebe als unerschöpflichem Gut und fließender Energie entgegensteht, so spüren wir doch sehr deutlich, wie oft wir Kompromisse machen, weil wir in der Summe ein gemeinsames Ziel mit diesem Partner, dieser Partnerin haben, das uns lohnenswert erscheint. Der Vertrag, die Abmachung, der Plan Ihrer Beziehung trägt alles, was Sie zusammen aufbauen. Um zu ermitteln, was in Ihrem persönlichen Beziehungsvertrag besteht, lohnt sich ein intensiver Blick auf Ihre Biografie und Ihre Motivationen. Gute Idee! Leider spielen sich solche Bedürfnisse meistens unterhalb der Bewusstseinsgrenze ab. Wie kommen Sie an diese versteckten Informationen heran?

Sie brauchen in erster Linie einen ehrlichen Blick auf das, was Sie von der Beziehung erwarteten, als Sie ihren Lebensmenschen kennenlernten. »Lass mich in dir mich selbst finden« (Gleich und Gleich gesellt sich gern) könnte eine solche Erwartung sein. Oder »Bereichere mich. Mach mich durch dein Anderssein komplett!« (Gegensätze ziehen sich an.)

Manche Partnerschaften funktionieren, wenn einer des anderen Wunsch nach Schutz und Sicherheit erfüllt. Manche wünschen sich, durch die Beziehung über sich hinauszuwachsen, besser, größer zu werden. Gerade für Paare mit einem Kinderwunsch können noch andere Komponenten wichtig werden. »Schaffe mir ein Zuhause, in dem ich die Anteile, die ich selbst als Kind nicht leben konnte, nachholen oder verwirklichen kann.« »Hilf mir bei der Selbstverwirklichung durch Elternschaft!« Oder sogar: »Lass mich der Vater sein, den ich als Kind vermisst habe.« »Schließe mit mir eine Lücke in unserer Familiengeschichte!« »Führe eine Tradition fort!« So lauten viele unausgesprochene Erwartungen an den Partner / die Partnerin.

Im Wechselspiel von Balancierung eines stabilen und sicheren Gleichgewichts und der Option auf Entwicklung und Wachstum bewegen sich Paare in ihrer eigenen Welt der Erwartungen und Wünsche, Bedürfnisse und Widerstände.

Für dich soll's rote Rosen regnen

Und wir erfüllen die Wünsche des Partners meistens gerne. Es scheint so leicht zu sein, den anderen dadurch glücklich zu machen. Was wir dem anderen aber in Liebe und Loyalität versprechen, können wir manchmal nicht ein Leben lang halten. Im Laufe einer Beziehung treten oftmals Ereignisse ein, die auch nobelste Versprechen zum Scheitern verurteilen. Derjenige, der seiner Partnerin oder dem Partner unbedingte Loyalität und unverbrüchliche Treue geschworen hatte, wird vielleicht durch unvorhersehbare Ereignisse zum Fremdgänger und bringt dadurch die Welt des anderen zum Einsturz, trifft ihn oder sie an der empfindlichsten Stelle. Wer dem anderen das Versprechen auf Vervollkommnung durch Familie gegeben hat, kann dies im Verlauf eines unerfüllten Kinderwunsches womöglich nicht einhalten und zerstört, ohne es zu wollen, dessen oder deren Traum. Allein eine zu niedrige Spermienzahl kann dann einen Bruch des heimlichen Beziehungsvertrages bedeuten. Hier entstehen ohne willentliches Zutun Risse im Fundament. Das innere System des Partners oder der Partnerin bewertet diese unbeeinflussbare Tatsache unter Umständen als Vertragsbruch. Ein Riss im Beziehungsfundament entsteht. Dieses Fundament ist aber die Grundlage aller Paaridentitäten. Ungünstigerweise ist das ganze Beziehungshaus auf dieses Fundament gebaut, sodass man nicht ohne Weiteres nachsehen kann, wo das Problem, wo die Verletzung, wo der Riss liegt, der alles so beängstigend zum Wackeln bringt. Das Paar hat keine andere Wahl, als noch einmal buchstäblich die Pläne der Anfangszeit hervorzuholen.

Es gibt eine unendliche Vielzahl an Fragen, die man dem Partner stellen kann, um ihn noch besser und von einer anderen Seite kennenzulernen. Probieren Sie es einmal aus. »Was war dein Lieblingseis als Kind?« »Womit konnte man dich erfreuen, als du 17 warst?« »Wovon hast du am Anfang unserer Beziehung manchmal heimlich geträumt und was ist aus diesem Traum geworden?« Solche Fragen führen früher oder später ans sprichwörtliche »Eingemachte«: Was haben wir damals in unseren Beziehungsvertrag geschrieben? Wie wollten wir leben, was haben wir uns lautlos versprochen? Wohin wollten wir zusammen? Was haben wir uns auch gegenseitig voneinander versprochen? Was waren wir bereit zu geben?

Nachjustierungen

Ein ehrlicher Blick auf diese Pläne offenbart dann auch Alternativen.

Was könnten wir denn noch miteinander tun, wenn wir keine eigenen Kinder bekommen? Was brauchst du, was brauchen wir, um auch im Fall einer Kinderlosigkeit noch Ideen zu entwickeln, die uns als Paar das geben, was uns guttut? Wie können wir unsere Träume wahr werden lassen? Welche Träume treiben uns eigentlich an? Gibt es andere Wege, uns Lebenssehnsüchte zu erfüllen, oder macht es Sinn, sich von manchen alten Beziehungsversprechen zu verabschieden?

Ein neuer Beziehungsvertrag kann helfen, dem Stress und dem Versagensdruck während der Kinderwunschphase zu entkommen. Wenn nicht mehr der andere, bewusst oder unbewusst, für das eigene Unglück oder die empfundene Verzweiflung verantwortlich gemacht wird, sondern die darunter liegenden Lebensträume offengelegt werden, erfahren viele Paare Entlastung. Dieser neue Vertrag könnte dann so aussehen, dass beide Partner offen formulieren, was sie zum Glück brauchen. Und gleichzeitig dürfen sie zusammenfassen, was sie zur Erreichung dieses Glücks zu geben bereit sind. Das ist unromantisch und sachlich. Es entspricht nicht der »natürlichen« Sicht auf die Liebe.

Aber was ist schon natürlich? »Wenn du denkst, dass alles schiefläuft: Denk anders!« Vor dem Kinderwunsch sah alles anders aus. Es schien alles so absehbar, so sicher zu sein. Wünsche und Bedürfnisse glitten ineinander, ohne dass jemand darüber nachdenken musste, einfach und intuitiv – bis zu dem Punkt, an dem alles schwierig wurde. Die Krise, die ein lange unerfüllter Kinderwunsch auslöst, kann an dieser Stelle der Biografie Energien für das Paar freisetzen, sich mit den eigenen Wünschen und Sehnsüchten noch einmal ganz neu auseinanderzusetzen.

Rahel und Georg: »Der Fluch meiner Eltern«

❱❱*Rahel liebt ihre Mama. Seit sie denken kann, ist ihre Mutter Ingrid für sie die beste Freundin, Seelentrösterin, Ratgeberin und fast wie eine Schwester. Nichts, das Rahel nicht mit ihrer engsten Vertrauten besprechen könnte, und alle Freundinnen beneiden sie um das wunderbare Verhältnis, das die 27-Jährige zu ihrer Mutter hat. Beim sechs Jahre älteren Georg sieht das Zusammenspiel mit den Eltern nicht ganz so rosig aus. Er lebt in einem dauernden, unausgesprochenen Konflikt mit seinem Vater, den er für herrisch und dominant hält und an dem er sich in seiner Jugend bereits die Zähne ausgebissen hat. So freut er sich besonders an dem herzlichen Umgang, den Rahel mit ihrer Mutter hat. Die beiden sind viel bei Ingrid, und diese ist in die Kinderwunschthematik eingeweiht. So innig die Beziehung aber zu ihrer Tochter und zu ihrem Schwiegersohn sein mag, so zurückhaltend ist Ingrids Umgang mit dem Kinderwunsch »ihrer Kinder«. Sie hört sich alles aufmerksam an, stellt aber keine Fragen, und die patenten Tipps, mit denen sie sonst so freigiebig ist, bleiben ebenfalls aus. Rahel begnügt sich damit. Sie hat ja eine Menge Freundinnen, die gerne Ratschläge erteilen.*

Georgs Eltern hingegen wissen gar nichts von dem bisher vergeblichen Wunsch nach einem Kind in der Ehe. Seine Eltern sind so christlich-konservativ, dass »neumodischer Kram« sicherlich zumindest sehr kritisch beäugt würde, vermutet er. Im katholischen Umfeld seiner Eltern und Verwandten herrscht die Meinung vor, dass Kinder Geschenke Gottes

seien, die man nicht herbeireden könne. Georg hasst diesen Familienclan
insgeheim, den er für bigott und verlogen hält. Er weiß nämlich, dass sein
Vater mehrere Affären hatte, als er ein kleiner Junge war. Dieses Thema
ist aber in der Familie bis heute tabu. Seine Mutter durchlitt damals
eine lange depressive Phase, in der sie einen hohen Tablettenkonsum
hatte und auch manchmal drohte, nicht mehr leben zu wollen. Sie sei
mit ihrem Dasein als Frau am Ende, denn mit den Kindern (Georg und
seinen Schwestern) hätte sie nun einmal keine Chance mehr auf einen
Neuanfang. Georg als der Älteste war mehr als einmal der Seelentröster,
Retter und Familienversorger, wenn die Mutter morgens nicht aus dem
Bett kam, weil sie zu viele Tabletten genommen hatte. Georg hat diese
Phase nicht vergessen. Er hat sich mit seinem Vater nie ausgesöhnt oder
auch nur darüber gesprochen. Seine jüngeren Schwestern haben seit ei-
nigen Jahren eigene Kinder, und seither werden alle Familienfeiern für
Georg zur Tortur. Die heile Welt, die dort in seinen Augen gespielt wird,
das Verherrlichen der Enkelkinder, all das führt dazu, dass er den Kon-
takt mit der eigenen Familie meidet, wo er kann. Nach Weihnachts- oder
Osterfeiern sind Rahel und Georg wie ausgewrungen. Rahel bekommt in
Gegenwart der Schwiegereltern kaum noch ein Wort heraus, was ihr in-
zwischen den Ruf eingetragen hat, verstockt und wortkarg zu sein. Doch
die unterdrückte Spannung in Georgs Familie drückt ihr auf die Seele.
Georg und Rahel geraten familiär ins Abseits. Umso mehr suchen sie den
Kontakt zu Ingrid, Rahels Mutter. Rahel ist Einzelkind, hier gibt es also
keine konkurrierenden Familien mit Vorzeigeenkeln. Ingrid lebte meist
allein, seit Rahels Vater sie verlassen hat. Das ist nun 22 Jahre her. Rahel
und Georg stecken mitten in ihrem zweiten IVF-Durchgang, als Rahel,
die sich bei ihrer Mutter ausweinen will, einen Satz von ihr hört, mit dem
sie nicht gerechnet hat. »Ach, lieber Schatz«, hebt die Mutter an: »Lasst
es doch gut sein. Vielleicht will das Kind einfach nicht zu euch. Vielleicht
ist es besser, ihr beide kriegt keins. Wer weiß, ob Georg der Richtige ist!«
Rahel zieht das augenblicklich den Boden unter den Füßen weg. Hat sie
da die ganzen letzten Jahre etwas übersehen? Misstrauen macht sich in
ihr breit. Ist Georg vielleicht wirklich nicht der Richtige? Man hört ja

immer wieder, dass mit einem neuen Partner frühere Fruchtbarkeits-schwierigkeiten plötzlich kein Thema mehr sind. Sie schämt sich für den Gedanken. Aber wenn ihre Mutter mit einer Meinungsäußerung so weit geht, muss doch etwas an ihrem Eindruck dran sein. Oder nicht? Etwa zu dieser Zeit telefoniert Georg mit seiner Mutter, die erst von den Enkeln erzählt und dann auf Rahel zu sprechen kommt. Sie beklagt sich, dass Rahel so ernst und verschlossen wirke. Auch er selbst, Georg, sehe schon ganz deprimiert aus und wirke immer unglücklicher. Sie mache sich Sorgen und könne nachts nicht mehr schlafen, weil sie fürchte, ihr Sohn sei in seiner Beziehung unzufrieden. Vielleicht, so spekuliert die Mutter, sei die Ehe deswegen bisher kinderlos geblieben. Georg kann diese Fehleinschätzung nicht auflösen, ohne sein Geheimnis preiszugeben. Doch der Stachel sitzt. Ist Rahel in der letzten Zeit nicht wirklich ganz schön anstrengend? Unzufrieden? Weinerlich? Ihr Sexleben ist so gut wie tot und die zärtliche, lustige Rahel, in die er sich einmal verliebt hat, scheint auf Nimmerwiedersehen im Kinderwunschsumpf verschollen. Die beiden sprechen nicht miteinander über die ausgesprochenen und unausgesprochenen Vorbehalte der Eltern. Rahel fragt ihre Freundinnen, wie sie Rahels Beziehung zu Georg einschätzen. Hier bekommt sie, je nach gestellter Frage, unterschiedliche Antworten. Die meisten finden Georg okay. Zu meckern gebe es zwar in jeder Ehe etwas, aber im Großen und Ganzen sei doch die Beziehung zu Georg ganz in Ordnung, stellen sie fest. Rahel ist misstrauisch. »Ganz in Ordnung?« Reicht das für ein gemeinsames Leben mit Kindern und Familie? Der zweite IVF-Durchgang scheitert ebenso wie der erste davor. Georg ist frustriert, Rahel tieftraurig. Er möchte mit seinen Freunden nicht über Beziehungsthemen sprechen, und in dieser unzufriedenen Lage ist er empfänglich für die sorgenvolle Anteilnahme der Mutter. Auch seine Schwestern ruft er an. Diese sind überrascht und halten sich in Urteilen über Rahel zurück. Dass sie aber zurückhaltender geworden sei, bestätigen beide. Rahel und Georg vermeiden Problemgespräche eine Weile, ihre innere Distanz zueinander wächst. Rahel fallen plötzlich Dinge an Georg auf, die sie vorher nicht beachtet hatte. Und Georg findet, dass Rahel wirklich ganz schön spröde geworden ist. *Die Kinderwunschbehandlung stockt, Sex findet nicht mehr statt. Die beiden gehen sich aus dem Weg. Das Schweigen wächst. Was vorher unausgesprochen war, wird im Laufe der Zeit zum Tabu. Was vorher kompliziert schien, wird unlösbar. Die Fronten verhärten sich, und Ingrids Prophezeiung »Lasst es doch gut sein; vielleicht ist es besser so!« wird zu Rahels ständigem Begleiter. Die beiden beäugen sich argwöhnisch. Eines Abends kommt Georg nicht nach Hause. Rahel kann ihn nicht erreichen. Sie regt sich über die Maßen auf. So kennt sie sich gar nicht. Sie versucht dauernd, ihn auf dem Handy zu erreichen, aber er geht nicht ran. In ihr steigt Panik in nie gekanntem Maße auf. In diesen Stunden dreht Rahel vor Sorge fast durch, ihre Gedanken kreisen in rasender Geschwindigkeit. Ist da eine andere Frau? Hatte er einen Unfall? Ist er vielleicht für immer weg, sogar tot? Diese Frage trifft sie mitten ins Herz. Die Ungewissheit bringt sie fast um. Die Angst vor dem Verlassenwerden geht urplötzlich und mit solcher Macht auf sie nieder, dass sie Weinkrämpfe bekommt, zusammenbricht, hyperventiliert und daran denkt, einen Notarztwagen kommen zu lassen. Die ausbrechenden Emotionen kann sie nicht anders kanalisieren, als gegen Möbel zu treten, mit Büchern zu werfen und auf und ab zu rennen. So etwas ist ihr noch nie passiert. Aber aus irgendeinem Grund ruft sie ihre Mutter nicht an. Sie spürt, dass dieses Gefühl etwas zu bedeuten hat. In den frühen Morgenstunden kehrt Georg zurück und findet die Wohnung in einem chaotischen Zustand vor. Rahel liegt mitten im Chaos auf dem Sofa und schläft. Als er sie geweckt und gefragt hat, was passiert sei, findet er ein völlig aufgelöstes, verängstigtes Mädchen statt seiner Frau vor, das sich schluchzend an seinen Hals wirft und kaum Worte findet. Er erklärt, dass er mit Freunden versumpft sei und einfach einen Abend lang nichts hatte hören und sehen wollen. Georg entschuldigt sich tausendmal. Rahel versteht sich selbst und die Welt nicht mehr. Georg versteht sie dafür umso mehr. Und beiden wird klar: Hier wirken Mächte, die im Unbewussten von beiden schon viel Schaden angerichtet haben. Sie warten ab, bis sie körperlich und geistig wieder nüchtern sind, und beschließen, am Abend offen miteinander zu reden. »Wir haben nichts zu verlieren!«, stellt Rahel fest, und Georg widerspricht nicht. Am Ende des Gesprächs merken sie, dass außer der Beziehungskrise, die sie gerade erleben, auch noch uralte Verhaltensmuster und Glaubenssätze wirken, die sie selbst aber nicht ermitteln können. Sie suchen sich Beratung.*

In der Arbeit mit Genogrammen, also stammbaumartigen Familiengeschichten, kommen Rahel und Georg der eigenen Vergangenheit auf die Spur. Sie bringen alte Fotos und Souvenirs mit, Fundstücke aus der eigenen Vergangenheit. Rahel fällt auf, dass sie viel zu wenig über ihren Vater weiß, der immer als »verschollen« galt. Sie macht sich auf die Spurensuche. Sie sucht das Gespräch mit ihrer Mutter, die aber zunächst blockt. Rahel fragt ihre Tanten. Dabei findet sie heraus, dass ihr Vater unangekündigt einfach eines Tages verschwunden ist. Weg – für immer. Ihre Mutter, die sie hartnäckig befragt, braucht mehrere Anläufe, um darüber sprechen zu können. Und sie vermutet, dass der Vater mit der Verantwortung für ein kleines Kind einfach überfordert war. Rahel beginnt zu verstehen. Das Verlassensthema ist gewandert. Von der Mutter auf die Tochter, die ihr unbewusst ihr eigenes Schicksal ersparen wollte. »Wer ein Kind bekommt, wird verlassen!« So unlogisch wie einprägsam ist dieser Satz. Rahel vermutet, dass auch in ihr die Erinnerung an das Trauma der Mutter abgespeichert ist. Sie war damals ein Kindergartenkind und hat viel mitbekommen. Ihren hysterischen Ausbruch bei Georgs Wegbleiben kann sie sich nun viel besser erklären. Sie spürt, dass die Skepsis ihrer Mutter gegen das Baby nichts mit Georg zu tun hatte, sondern mit der eigenen Angst, das Schicksal könne sich wiederholen. Rahel lernt, dass es Themen gibt, die nicht zu ihr, sondern in die Elterngeneration gehören, und dass Erwachsensein auch bedeuten kann, sich von den Glaubenssätzen und Überzeugungen der Eltern zu lösen, sosehr man diese auch liebt. Georg findet bei einer Familienaufstellung heraus, dass er voller Schuldgefühle seiner Mutter gegenüber ist. Als zweiter Mann in der Familie hätte er seinerzeit etwas tun können, ja müssen, so ist es in seiner kindlichen Perspektive gespeichert. Er fühlt sich verantwortlich für sie. Ebenso wie er sich verantwortlich für Rahel und das Kind fühlt, das er zu zeugen habe. Das sieht er in der Familienrolle als seine Auf-

gabe an. »Wenn das aber heißt, dass ich so ein Vater werde wie meiner, will ich das gar nicht.« Georg will niemals so sein oder werden wie sein Vater und fürchtet, in der Rolle des Vaters genau dort zu landen, wo er nicht sein will. Auch er erkennt, dass die übertriebene Sorge der Mutter zum Familienmodell passt, dessen Credo ist: »Alles muss nach Plan funktionieren, koste es, was es wolle. Schwierigkeiten werden ignoriert oder totgeschwiegen, und wer nicht mitspielt, fliegt eben raus.« Er hat nun die Aufgabe, unabhängig von seiner Herkunftsfamilie einen eigenen Entwurf vom Vatersein zu entwickeln. Auch er muss erwachsen(er) werden. Seine Schwestern, die er in seine Paartherapieerfahrung einweiht, sind geradezu dankbar, dass er als Erster dieses heiße Eisen anpackt, das sie selbst in ihren Familien immer wieder schmerzlich spüren. Sie versprechen ihm mitzuarbeiten und ihn zu unterstützen. Diese Fortschritte auf persönlicher Ebene haben bis heute noch nicht dazu geführt, dass Rahel und Georg ein Kind bekommen haben. Aber sie sind sich selbst und ihrer Liebe sicherer geworden. Die beiden wissen: Egal, wie der Kinderwunsch letztendlich ausgeht, er wird kein Grund für eine Trennung sein.

11. Sexualität und Körperlichkeit

»Ich bin doch kein Zuchtbulle«

Was schätzen Frauen an Männern am meisten? Nach »Humor« und »Treue« stehen Tierliebe und Fitness als erstrebenswerte Merkmale auf dem Wunschzettel der meisten Frauen, wenn man einer willkürlichen Umfrage im Internet Glauben schenken mag. »Freude am Sex« hingegen steht auf Rang 8. Diese Umfrage will ebenso festgestellt haben, dass handwerkliches Geschick Männer besonders sexy mache. Wie es scheint, gehen die Vorlieben durchaus weit auseinander. Was nun einen guten Liebhaber ausmacht, ist offenbar ebenfalls höchstpersönliche Geschmackssache. Und doch gibt es in dieser Frage mehr Gemeinsamkeiten. Die meisten Frauen schätzen, wie man auch in anderen Foren liest, Einfühlungsvermögen, Zärtlichkeit und Fantasie, Wissen um die Bedürfnisse einer Frau und Sicherheit im Umgang mit Weiblichkeit. Andere mögen eine eher rustikale Sinnlichkeit, Kraft und Dominanz. Aber lieb soll er sein, der Mann. Männer sollen heute genau die passende Mischung aus animalischer Wildheit und sanfter Zuneigung vermitteln können, die Frauen für ihre Lust brauchen. Performance allein reicht nicht. Kommunikationsfähigkeit und Interesse, Geschicklichkeit und Ausdauer, Präsenz und Mut zur Schwäche sollen in einem fragilen Gleichgewicht miteinander schwingen und die Partnerin elektrisieren. Die früher als so dominant betrachtete Penetration, der Koitus selbst, rückt immer weiter in den Hintergrund. In der sich verbreitenden Szene der Tantriker und Meister der östlichen Liebeskunst ist das Zurückhalten von Körpersäften gar der Ausweis von Expertise. Sperma ist in Zeiten perfekter Empfängnisverhütung kein besonderer Saft mehr. Um eine Frau zu befriedigen, sollen alle Sinne angesprochen werden; sie will zum Schweben gebracht und gepackt, verwöhnt und verführt, vernascht, genommen und um den Verstand gebracht werden. An diesen Wünschen orientieren sich viele Männer. Sie wollen gut für ihre Frauen sein, nicht egoistisch und dumpf. Sie fragen tatsächlich inzwischen nach, was ihrer Partnerin gefällt, halten sich mit dem Orgasmus zurück, verzichten mitunter ganz darauf und behaupten unisono, die Befriedigung ihrer Partnerin sei ihnen mindestens ebenso wichtig wie die eigene. Und das ist gut so. Noch vor einigen Jahrzehnten wären Männer belächelt worden, die zugunsten der Befriedigung einer Frau bereit gewesen wären, auf den eigenen Orgasmus zu verzichten. Frauen haben es heute in Liebesdingen grundsätzlich etwas besser. Und dadurch haben es viele Männer auch besser. Trotz des bedauerlicherweise verbreiteten erotischen Schweigens in deutschen Betten setzt sich im Schneckentempo die Erkenntnis durch, dass erfüllende Sexualität etwas mit Kommunikation und Einfühlungsvermögen zu tun hat. Sich füreinander Zeit zu nehmen, Fragen zu stellen, zusammen vieles auszuprobieren scheint inzwischen zum Standard der erotischen Ausstattung einer Ehe zu gehören. Wie verändert sich das, wenn man sich ein Kind wünscht und keines bekommt?

Vom Play-Boy zum Duty-Man

Irgendwann wird während der Kinderwunschbehandlung die ganze wunderbar gelernte Einfühlsamkeit zugunsten eines Plantermins zum ersten Mal über Bord geworfen. Hatte man vorher mit dem Hintergedanken an eine gewünschte Schwangerschaft einfach tendenziell etwas mehr Sex, kommt plötzlich ein Arzt ins Spiel, der sexuelle Vereinigung knallhart vom Zauber der Leidenschaft befreit. »Mittwoch, 14.30 Uhr, GV« steht in verschlüsselten Lettern in Terminkalendern. Vorher bitte nicht. Tagelang nicht. Und zur verabredeten Uhrzeit wird bitte pflichtbewusst performt. Hier geht es dann plötzlich gar nicht mehr in erster Linie ums Liebsein oder das Einfühlen, sondern plötzlich wieder nur um Koitus, Penetration und – lassen Sie uns ehrlich sein – um Sperma. Auch ganz ohne besonderes Einfühlungsvermögen, wenn es sein muss, wird dieser besondere Saft abgegeben. Schnell und zwischendurch, in der Mittagspause, vor dem Abendessen, im Auto, ganz egal. Hauptsache, der Mann funktioniert minutengenau. Was vor ein paar Monaten noch ein erotisches Abenteuer hätte sein können, bei dem man sich kichernd zwischen den Autositzen eingeklemmt hätte, verkommt zur Spermaabgabe mit Rahmenprogramm. Wo früher Lust und Laune Stellung und Intensität des Liebesspiels bestimmten, werden heute bestimmte Positionen bevorzugt, die Penis und Muttermund nahe zusammenbringen, damit die Spermien es nicht so weit haben. Aus sinnfreiem Herumlümmeln im Bett oder auf dem Sofa, Balgereien in intimer Spielfreude wird Funktion. Die Frau bleibt nach dem Koitus unbeweglich liegen, Hüfte leicht gekippt, um den Spermien den Weg zu weisen. Plötzlich ist ein Ejakulat ein besonderer, ein in Ehrfurcht beobachteter Saft. Rein soll es sein, lebendig, optimiert, frisch. Wie ein Kleinod wird er – muss man auf ICSI oder IVF zurückgreifen – in Reagenzgläser gefüllt, warm gehalten und umsichtig verwahrt. Was vorher eher lästiges Beiwerk war, das man nach dem Sex schnell wegwusch, ist plötzlich der Nabel der Welt. Viele Männer fühlen sich auf diesen Körpersaft reduziert. Sie sollen ihn produzieren, abgeben, und das in möglichst effizienter Qualität.

Auch männliche Sexualität ist störungsanfällig. Manch ein Partner verliert im Laufe der Kinderwunschphase die Lust auf Sex. Zwischen »Du musst nur wollen« und »Ich kann nicht auf Knopfdruck« entstehen Prozesse, die manchmal auf die Physis wirken. Manch ein Mann muss im Laufe einer Kinderwunschphase auf erektile Dysfunktionen untersucht werden, was in der Durchführung äußerst schmerzhaft und unangenehm ist. Dabei sitzt das Problem nicht im Schwellkörper, sondern im Kopf – und im Herzen.

Die Patiententoilette

Als besonders demütigend wird die Spermaabgabe in Kinderwunschpraxen wahrgenommen. Dort liegen (manchmal) ein paar anregende Heftchen, und wenn man(n) Glück hat, ist man einigermaßen privat. Wenn nicht, muss man sein Ejakulat in einem Abstellraum oder einem Behandlungszimmer produzieren, ohne Anregung – dafür mit Blick auf Regale voller Spritzen und Verbandmull, wiederum: wenn man Glück hat. Wenn man Pech hat und die Patiententoilette als Ort des Geschehens zugewiesen bekommt, hat man den Geruch von WC in der Nase und Urinbecher vor Augen. Wer annimmt, dass Männer so etwas leichtherzig schaffen, irrt. Sie waren noch nie die potenten Superbullen, die auf Knopfdruck hart werden. Und auch sie haben in den letzten Jahrzehnten umgelernt, mehr Schamgefühl und Empathie entwickelt, eine gewisse Sensibilität ausgebaut und wollen selbstverständlich mit Würde und Respekt behandelt werden. Sie reden vielleicht nicht so offen über ihre Gefühle bei all den Prozeduren, doch sie empfinden dieselbe Scham, denselben Druck, dieselbe Versagensangst und Hilflosigkeit wie Frauen.

Männer leiden ebenso

Dieser Absatz ist kurz, denn die Botschaft ist banal und einfach:

Nackenkoteletts zu grillen, Winterreifen aufzuziehen oder Rasen zu mähen scheint immer noch reine Männersache zu sein. Kinderkriegen dagegen immer noch reine Frauensache. In Damenrunden wird Geheimwissen getauscht, Frauen unter sich sehen sich mitunter verschwörerisch an. Das geraunte »Nur wir wissen, was wirklich los ist« schließt die oftmals sogenannten »Erzeuger« aus dem Diskurs über Fruchtbarkeit und das Leben mit Babys aus. Natürlich ist es wahr: Noch kein Mann hat je ein Kind zur Welt gebracht oder gestillt. Biologisch gesehen, im »natürlichen« Verständnis der Welt, haben Männer im Schwangerschafts- und Geburtsvorgang bestenfalls Händchen zu halten. So weit die gewohnte Sichtweise.

Bei Paaren mit unerfülltem Kinderwunsch geht es aber nicht nur um die biologische, sondern auch um die soziale, medizinische und philosophische Seite von Geburt und Schwangerschaft. Viel stärker als bei spontanen Schwangerschaften werden Männer in den Prozess der körperlichen Vorgänge eingebunden. Sie trösten, fahren hin und her, befassen sich mit dem bis dato unbekannten Terrain weiblicher Fortpflanzungsorgane. Sie treffen sich mit Gleichgesinnten in Gesprächsgruppen oder führen Verhandlungen mit Ärzten und Krankenkassen. Sie vernachlässigen ihre Jobs und eigenen Interessen, hören sich ebenso viele dumme Sprüche an wie Frauen (oder mehr) und tragen ihren Teil tapfer und mit Fassung. Das Mitleid und die Fürsorge, die ausschließlich den Frauen von Freundinnen und Verwandten entgegengebracht wird, stößt ihnen mitunter bitter auf. Sie brauchen keine mitleidigen Blicke und keine Hände, die sich ungefragt auf ihre Unterarme legen. Aber die meisten Männer möchten auch einmal gefragt werden, gesehen werden, beachtet werden in dem Einsatz fürs gemeinsame Kind. Viele sehen es als ihre Aufgabe an, ihren Partnerinnen starker Rückhalt zu sein, die Tröster und Retter mit den starken Armen und breiten Schultern zum Anlehnen. Doch auch Retter mit breiten Schultern wollen zumindest gesehen werden. Auch sie brauchen Rückmeldung, Beachtung und die Frage »Wie geht's denn dir dabei?« – selbst wenn sie darauf vielleicht nicht antworten.

Diese Aufgabe übernehmen im besten Fall andere Männer, ohne dabei zotig, allzu kumpelhaft oder bagatellisierend zu werden. Aber auch Freundinnen der Frau, Mütter oder Schwestern dürfen ruhig einmal Bezug zur Rolle des Mannes in dieser Lebensphase nehmen. Ernst genommen zu werden ist ein Grundbedürfnis. Für beide Geschlechter.

Conny berichtet: »*Mit meinem Mann kam es irgendwann zur Eskalation. Ich lag auf dem Sofa und tat mir selber leid. Er sollte mir Wärmflaschen machen und Zuspruch geben. Meine Stimmung war mies, die Laune auch. Ich jammerte wahrscheinlich ganz schön herum. Irgendwann fing er dann an zu schimpfen, später weinte er sogar. Ob denn niemand mal Interesse an ihm zeige? Er sei immer da. Er nehme sich ständig frei, fange mich auf, wenn es mir schlecht gehe. Er müsse immer stark sein, obwohl die Kinderlosigkeit ihm genauso zu schaffen mache wie mir. Das sei er langsam leid. Alles sei er leid. Und das Thema am meisten. Ich war erst sauer. Wir haben ein paar Tage nicht miteinander*

gesprochen. Und dann wurde mir klar: Wir machen das hier zusammen.
Nicht ich bin sie Leidtragende allein, bloß weil ich darüber rede. Ihm geht
es genauso dreckig. Seitdem verstehen wir uns besser. Das hat uns wieder
ein Stück näher zusammengebracht.«

Es lohnt sich, den Partner einfach einmal danach zu fragen, wie er die
aktuelle Phase empfindet. Das ist ungewohnt. Männer sind es noch weniger gewohnt, Bedürfnisse und Schmerzen zu äußern als Frauen. Hier
Verständnis zu zeigen und auch ihm für das, was er so pflichtbewusst
und scheinbar selbstverständlich als seinen Beitrag zum Wunschkind bei-
steuert, zu loben, ihm vielleicht zu danken und ihm zu zeigen, wie froh
man über sein Engagement ist. Viele Männer werden das beschämt ab-
wehren, aber es kommt an, das Lob. Es spendet Kraft, die irgendwann in
die Beziehung zurückfließt und dann beiden nutzt.

»Wie ein Auto in der Werkstatt: Hier eine Schraube, dort ein Tropfen Öl«

Uralte Mechanikerwitze beginnen so: Ein KFZ-Schrauber beugt sich
irgendwo in den Motorraum eines Autos vor, klopft hier, rüttelt da,
wiegt nach wenigen Sekunden nachdenklich den Kopf, kratzt sich mit
dem Schraubenschlüssel am Kopf und murmelt, ohne irgendetwas genauer in Augenschein genommen zu haben: »Uiuiui! Das sieht nicht
gut aus! Also, Sie können das natürlich reparieren lassen. Aber das
wird teuer. Ich würd' den ganzen Mist rausreißen und neu machen!«
In der Regel endet der Witz damit, dass die meisten Menschen sich
ein ultramodernes Ersatzteil aufschwatzen lassen, das sie vorher weder
kannten noch berechnet hatten. Und meistens funktioniert das neue
dann schlechter als das alte, dafür war es dann etwas teurer. So weit die
Vorurteile und Klischees. Männerhumor.

Frauen in Kinderwunschsituationen fühlen sich dennoch manchmal ähnlich. Sie begeben sich nach einer Phase des Nichterfolgs beim
nichtassistierten Versuch, schwanger zu werden, vertrauensvoll in die
Hände eines Fachmanns oder einer Fachfrau. Der erste Besuch beim

Gynäkologen oder der Gynäkologin kann allerdings zu großer Verunsicherung führen. Der weibliche Körper, der von außen immer so aussah, als funktioniere er reibungslos und meistens zufriedenstellend, wird plötzlich nach Fehlern durchsucht, durchgecheckt, vermessen und geprüft. Eileiter durchlässig? Hormonspiegel okay? Gebärmutter intakt? Schleimhaut aufgebaut? Nachdenklich wiegen Mediziner die Köpfe, und manchem wird auch ein so oder ähnlich geäußertes »Uiuiui…« entfahren. »Sieht nicht gut aus!«

Mängellisten

So viele potentielle Fehlerquellen tauchen plötzlich auf, dass nach einigen Behandlungen der ganze Körper infrage gestellt wird. Wie sieht es mit dem Körpergewicht aus? Habe ich irgendwann einmal zu viel geraucht? Hat meine Chlamydien-Infektion von vor zehn Jahren Spuren hinterlassen? Ist mein Zyklus zu lang? Zu kurz? Gibt es Antikörper? Eine Überproduktion männlicher Hormone? Stimmt mit der Schilddrüse auch alles? Wo alles durchleuchtet wird, bleiben Funde vermeintlicher Defizite nicht aus. Natürlich wird man einen Fehler finden, wenn man ihn sucht. Körperliche Eigenheiten, die ohne den Kinderwunsch für immer unentdeckt geblieben wären, kommen ans Licht. Meistens bleibt es auch nicht bei einem Fehler. Ist das erste mutmaßliche Manko, beispielsweise durch die Verabreichung zusätzlicher Hormone, ausgeglichen, kommt unter Umständen ein zweites hinzu, das nur operativ berichtigt werden kann. So fühlen sich viele Frauen als einzige Ansammlung körperlicher Makel und Defizite. Svenja schreibt: *»Was die alles an mir repariert haben! Hier mal was getestet, da mal was geöffnet, da mal was gegeben, hier mal was weggenommen. Manchmal dachte ich: Tauscht mich doch im Ganzen aus, das geht schneller!«*

Am schlimmsten empfinden paradoxerweise diejenigen Frauen die Erfolglosigkeit beim Kinderwunsch, die eben keine erkennbaren Mängel und Makel aufweisen und denen insofern auch nicht unmittelbar medizinisch geholfen werden kann. Diese beginnen dann häufig selbst nach Fehlern und Makeln zu suchen. *»Manchmal glaube ich, ich spinne* *langsam. Denn ich denke oft: ›Ach, hätte ich doch verklebte Eileiter oder so was. Dann könnte man wenigstens etwas tun. So siehst es fast aus, als sei ich selber schuld, weil ich mir so einen Stress mache!‹,* schreibt Debbie in ihrem Tagebuch.

Unsere Medizin ist im Gegensatz zu manchen alternativen Heilmethoden auf das Finden und Ausmerzen von Fehlern ausgerichtet, weniger auf die Wertschätzung und den Erhalt des Bestehenden. Die Wahrnehmung einer vermeintlichen Unzulänglichkeit bleibt aber auch für die Seele nicht folgenlos. Zu der wachsenden Trauer und dem Frust, dass alle Bemühungen nicht viel nutzen, bekommen viele Frauen einen immer länger werdenden Katalog von Mängeln an die Hand, in dem ihre eigenen Inkompetenzen und Fehlfunktionen aufgelistet werden. Das besonders Frustrierende daran: An körperlichen Mängeln und Dysfunktionalitäten kann man oft nicht viel ändern, obwohl man doch alles Erdenkliche täte, wenn es denn Hoffnung böte. Verfrühte Wechseljahre beispielsweise oder ein ungünstiger Hormonspiegel, verschlossene oder verwachsene Eileiter sind ein ernst zu nehmendes Hindernis auf dem Weg zum Wunschkind. Selbst die medikamentöse oder operative Intervention kann hier oftmals nicht viel ausrichten. Die Fehlersuche braucht außerdem viel Zeit. Nach jedem missglückten Versuch geht sie wieder von vorne los. Die Monate verrinnen, die Uhr tickt. Das Zeitfenster schließt sich unerbittlich. Die Demütigung geht weiter, die so bezeichneten Defizite mehren sich unterdessen. Man wird älter, der Stress wächst. War man bei der ersten Idee von einem Kind noch dreißig, ist man inzwischen nach drei Runden Fehlersuche schon fünfunddreißig. Mediziner kratzen sich am Kopf und ziehen die Augenbrauen zusammen. »Fünfunddreißig?«, fragen sie skeptisch und mit resigniert geneigtem Kopf. Wut und Stress machen sich in den Frauen breit. Was können sie denn dafür, dass niemand den blöden Fehler findet? Diese Wut, dieser Stress, diese Ohnmacht begünstigt aber die Ausbreitung von Dysfunktionen, was wiederum doppelt frustriert. Mit dem Wissen um die eigene Unzulänglichkeit und durch die Demütigungen oft schmerzhafter Untersuchungen und Eingriffe schwindet der sexuelle

Appetit. Gereiztheit und Unzufriedenheit breiten sich aus. Die Partnerschaft leidet, man fühlt sich allein gelassen. An einen natürlichen Weg zum Kind ist immer weniger zu denken. Ein Teufelskreis schließt sich.

Und was tun?

Hier zu einem Gegenmittel zu raten, wäre ein Tipp in die falsche Richtung. Nach dem Motto »Dein Fehler ist es, unter deinen Fehlern zu leiden. Ich verspreche dir eine Kur, die dich vom Leiden an deinen Fehlern befreit« versuchen viele Ratgeber genau das. Unter der Prämisse »Entspann dich mal!« oder »Überwinde deine Enttäuschung!« soll der Frust buchstäblich aus eigener Kraft besiegt werden. Der Fehler muss weg. Doch wer anderes soll ihn wegschaffen als die Frau selbst? Wenn man das aber nicht schafft, entsteht das Gefühl, wiederum versagt zu haben. »Ich schaff es nicht, ein Kind zu bekommen, und ich schaff es nicht einmal, mich zu entspannen. Und ich schaffe es auch nicht, meine Enttäuschung zu überwinden. Was für ein riesiges Problem! Ich kriege aber auch gar nichts hin!«

Der bessere Rat für Paare geht in eine ganz andere Richtung, nämlich die des Perspektivenwechsels: weg vom Problem hin zu den Ressourcen. Der einzige Weg, sich (wenn auch nur für wenige Momente) von dem zu lösen, was tagtäglich das Leben bestimmt, besteht darin wahrzunehmen, was eigentlich alles prima funktioniert. Was Paare sicher auf ihrer Seite haben, egal, wie funktionell ihre Körper sind, gerät nämlich zu schnell aus dem Blick. Den Blick von den Fehlern weg zu richten auf das, was gut und richtig ist, erdet und nimmt für einen Moment den Stress weg und vermag den Teufelskreis aus Versagensgefühlen, Unzulänglichkeit, Rückzug und Lustlosigkeit zu unterbrechen.

Alles läuft

Was haben Sie als Paar sicher auf Ihrer Seite? Sie haben die Liebe, Ihre intakten und gesunden Körper, Ihre Träume, Ihre Ziele, Ihre Geschichte. Kein Mediziner dieser Welt kann Ihnen das nehmen. Für den perfekt funktionierenden Teil Ihres Körpers können und müssen Sie auch und gerade in dieser Phase besonders gut selbst sorgen, denn diese Aufgabe fällt nicht in die Zuständigkeit der Medizin. Sie können das, was funktioniert, zu etwas verwenden, das Ihnen Freude bereitet. Alles, was Ihrem Körper signalisiert, dass Sie ihn dankbar lieben, wird ihm guttun, und er wird sich dafür bei Ihnen mit einem kleinen Zufriedenheitsgefühl und etwas Lebenslust revanchieren. Auch hier kann man kein dauerhaftes Glück versprechen, das wäre unseriös. Aber Momente der Freude sind möglich. Augenblicke, in denen das Rad einmal stillsteht, in denen man auch einmal etwas anderes sehen kann. In denen Sie als ganzer Mensch einmal belohnt, gefragt, gewürdigt werden.

Dazu brauchen Sie aber die Beteiligung Ihres Körpers. Mit dem Kopf allein wird das nicht gelingen. Alles Mögliche kommt für diese Belohnung Ihres Körpers infrage. Wer es besonders genießt, seinen Körper mit gesundem leckeren Essen zu verwöhnen, und dadurch leibliche Zufriedenheit erfährt: Bitte kochen Sie! Gehen Sie in exotische Supermärkte, auf den Markt, in Bioläden mit duftenden Gemüsetheken. Wenn Sie wissen, dass Wasser und Wärme Ihrem Körper gefallen, dann gehen Sie in die Sauna, so oft Sie wollen und können. Ihr Körper ist nach dem Sport immer wohlig erschöpft? Gehen Sie laufen! Rudern, Turnen, Tanzen: was auch immer. In jedem Fall wird das besser sein, als zu grübeln und sich selbst seiner Unzulänglichkeit zu schelten. Außerdem werden diese Momente, zu zweit genossen, zu wertvoller Paarzeit, die Ihre Beziehung so dringend braucht.

Anna beschreibt das so: »Wir sollten nicht. Aber das war uns egal. Nach der letzten Klinikrunde hatten wir Lust auf Weihnachtsmarkt. Und das haben wir auch getan. Haben lauter ungesundes Zeug gegessen und Glühwein getrunken. Das war besser, als zu Hause auf dem Sofa zu sitzen und zu grübeln. Wir haben gelacht und Spaß gehabt. Danach ging die Tanknadel unserer Energie direkt wieder ein Stückchen in den grünen Bereich.«

Trauen Sie sich Körperliches!

Wenn Sie Ihren Körper als Ganzes wahrnehmen lernen und dabei den Partner mit einbeziehen wollen, trauen Sie sich:

Melden Sie sich z. B. bei einem Tantra-Wochenende an. Es gibt inzwischen in fast allen größeren Städten Kontaktadressen. Körperarbeit ist eine der besten Arten, sich der eigenen Leiblichkeit bewusst zu werden, die Körpermitte nicht nur als Quell des Ärgers wahrzunehmen, sondern als Ursprung von Freude und Energie. Spezielle Massagen (z. B. Lomi-Lomi Nui) laden die Empfangenden mit Energie auf und lehren sie Körperwahrnehmung und Sinnlichkeit; genau die Dinge, die in Kinderwunschphasen so oft vernachlässigt oder gar verschüttet werden. Keine Angst übrigens: Das Erotik-Image von Tantra und anderen Körperarbeitstechniken trifft nur zum Teil zu. Körperarbeit umfasst die Kunst der achtsamen Berührung und Sie müssen weder mit fremden Leuten Sex haben noch im Schneidersitz sitzend in einer Gruppe von Langhaarigen ekstatische Schreie ausstoßen. Nach Ihren Bedürfnissen gibt es für Sie bestimmt die richtige Anwendung. Natürlich gibt es auch eine große Bandbreite von Achtsamkeitsschulen oder -kursen, die sich auf Körperwahrnehmung spezialisiert haben.

Auch nach der Kinderwunschphase und nach der ersehnten Schwangerschaft werden Sie Ihren Körper noch viele, viele Jahre gebrauchen wollen. Pflegen Sie ihn jetzt schon, wertschätzen Sie, dass 99 % dieses Wunderwerks perfekt funktionieren. Er hat es nicht verdient, dafür gescholten zu werden, dass er einen niedrigen Hormonstatus hat. Sondern er will dafür gelobt werden, dass er insgesamt perfekt zu Diensten ist. Und wieder: Das erhöht nicht die Chancen aufs Wunschkind. Aber es erhöht die Chance, seelisch gesund zu bleiben und das Wertvollste zu bewahren, das Sie haben: Ihre Liebe zu sich selbst und Ihrem Partner. Sie brauchen keine Runderneuerung. Ihr Wagen fährt bestens. Und nicht alle Reparaturen sind sinnvoll und notwendig. Bleiben Sie kritisch und ein bisschen egoistisch. Manchmal wollen Mediziner nur Geld verdienen. Manchmal sind sie selbst nicht sicher, dass die vorgeschlagenen Therapien wirken. Und in fast allen Fällen gehen sie selbstverständlich davon aus, dass Sie als Patienten gut auf sich selbst achtgeben. Das können Ärzte nämlich nicht. Es ist Ihre eigene Aufgabe, auf Ihren Körper zu achten, ihn zu pflegen und ihm wohlwollend gegenüberzustehen.

12. Sexualität und Reproduktion: Früher Pille, heute ICSI – Wer soll das verstehen?

Verhüten und Vergessen

Ihre ersten sexuellen Erfahrungen machen Teenager heute durchschnittlich im Alter von 15 Jahren. Mädchen haben früher ihren ersten Geschlechtsverkehr, Jungen etwas später. Gute fünfzehn Jahre später, mit 31 Jahren, bekommt eine Mutter in Deutschland das erste Kind. So sagt es die Statistik. Zu diesem Zeitpunkt sind die meisten Paare im Schnitt gerade einmal zwei Jahre ein Ehepaar, denn geheiratet wird im statistischen Mittelwert mit Ende zwanzig. Obwohl viele Beziehungen natürlich bereits viel länger bestehen, entschließen sich Paare erst später dazu, offiziell ein Leben lang zusammenzubleiben. Oft überschneiden sich Kinderwunsch und Hochzeit. Es wird geheiratet, weil ein Kinderwunsch da ist, weil ein neuer Lebensabschnitt beginnen soll. Das wiederum verkürzt die Spanne, in der eine Schwangerschaft auch wirklich eintreten darf und kann. Zum Vergleich: Vor vierzig Jahren heirateten Paare bereits mit durchschnittlich 23 Jahren, also etwa acht Jahre früher. Und die Jugendlichen hatten ihr »erstes Mal« noch später, nämlich mit durchschnittlich 17 Jahren. Das bedeutete, es gab mehr Ehen aufgrund von Schwangerschaften. Die mit Pille verhütete Zeit wurde erst *nach* der Geburt der Kinder begonnen und bestenfalls eine kurze Zeit vorher. Dies hängt mit den Lebensmodellen zusammen, die damals gelebt wurden. Und natürlich mit der erstmaligen Verbreitung der Pille generell. Berufstätigkeit von Frauen war zu Zeiten der Babyboomer keine Selbstverständlichkeit, eine wirkliche Karriere eher selten. Das Versorgermodell dominierte die Familien. Man heiratete nach der Schulabschlussphase, damit man zügig alleine selbstverantwortlich und frei leben konnte oder weil eben schon ein Kind unterwegs war. Heute ist freies Leben nahezu überall möglich; im Elternhaus wie in WGs, in Fernbeziehungen ebenso wie in Pärchenwohnungen. Es braucht heute keinen Ehestand mehr, um erwachsen zu leben.

Heute bedeutet »Verhüten« eine Spanne von 15 Jahren oder mehr vor dem ersten Kind. In den ersten sexuell aktiven Jahren, im Alter zwischen 15 und 18, wird hier besonders sorgfältig gewacht, ängstlich beobachtet, die größte Katastrophe befürchtet. In Schulen wird inzwischen großer Wert darauf gelegt, junge Menschen umfassend aufzuklären und Teenie-Schwangerschaften zu verhindern. Die Pille ist die am weitesten verbreitete Verhütungsmethode bei jungen Frauen. Inzwischen gibt es bei hormonellen Verhütungsmitteln eine solche Vielzahl geeigneter Präparate, dass fast jede Frau sie verträgt und gut mit ihr auskommt. Die Pille »danach« wird in diesen Tagen so weit legalisiert, dass man sie in Apotheken rezeptfrei erwerben kann. Das ist eine Revolution! Noch vor wenigen Jahren hätte ein ungeschützter Koitus die Biografie einer Frau ins Wanken bringen können. Ganze Lebensgeschichten gründen auf einem unvorsichtigen Moment. Heute ist dieser Moment schnell wieder ausradiert. Traumatische Schwangerschaftsabbrüche oder ungewollte Schwangerschaften werden zu Ausnahmefällen. Ungewollte Schwangerschaften, die irgendwann zu akzeptierten oder gewollten Schwangerschaften werden, ebenfalls.

Wie genau man es mit der Einnahme und mit der Sorge vor einer ungeplanten Schwangerschaft nimmt, variiert von Frau zu Frau. Immer noch sind es nämlich überwiegend die Frauen, die für Verhütung alleine sorgen. Die wenigsten Männer fühlen sich verantwortlich und erinnern beispielsweise ihre Partnerinnen an die Einnahme der Pille oder bieten den Gebrauch von Kondomen an. So bestimmen die Frauen zumeist selbst, wann sie sehr akribisch, wann eher lax verhüten. In den meisten Fällen erfolgt irgendwann eine Absprache mit dem Partner, dass es nun an der Zeit sei, auf Verhütung zu verzichten, weil eine Schwangerschaft gewünscht oder in Kauf genommen wird. Von da an dauert es individuell unterschiedlich lange, bis eine Schwangerschaft eintritt – oder eben nicht. Bis dahin haben die meisten Frauen aber die genannten 15 Jahre Verhütung hinter sich. Das Denken polt sich im Moment des Absetzens der Pille also komplett um. Aus »keinesfalls schwanger werden« wird »bitte gern schwanger werden«. Und aus »bitte gern« kann unter Umständen ganz schnell ein »bitte, bitte« werden. Diese Umstellung ist eine Achterbahnfahrt: eine der ersten, die Paaren mit Kinderwunsch bevorsteht.

Immerhin stand 15 Jahre lang die Drohung im Raum: »Wenn du nicht gut aufpasst, bist du ungewollt schwanger.« Ungeplante Schwangerschaften sind nach wie vor für viele Frauen ein Schreckgespenst.

Wie Sie sehen, sehen Sie ... nichts!

Dass nach Absetzen der Pille dann vielleicht gar nichts passiert, ist die erste Verunsicherung, der sich Paare mit Kinderwunsch gegenübersehen. Hätten die Frauen es vielleicht die vergangenen 15 Jahre mit der Verhütung gar nicht so genau nehmen müssen? Waren die vielen Male, in denen man halb panisch auf das Einsetzen der Periode gewartet hatte, womöglich übertrieben oder gar umsonst? Wenn Überzeugungen zu bröckeln anfangen, dann hier. Wozu hat man sich so viele Jahre die Einnahme von Chemie angetan, wenn das Risiko vielleicht gar nicht so gigantisch war wie befürchtet? Hätte man gewusst, dass Kinderkriegen eben nicht automatisch funktioniert, wäre man mit dem Thema »Verhütung« vielleicht anders umgegangen. Warum hat einem niemand reinen Wein darüber eingeschenkt, dass eine vergessene Pille eine Schwangerschaft bedeuten kann, aber keinesfalls muss? Warum werden Frauen immer nur mit dem Schreckensszenario einer ungewollten Schwangerschaft konfrontiert, nie aber mit der Tatsache, dass die Fruchtbarkeit erwachsener Frauen bereits im Alter von 23 Jahren abzunehmen beginnt? In diesen Fragen erfolgt in der Regel keinerlei Aufklärung. Die meisten Befragten vermuten diesen Knick in der Fruchtbarkeit nämlich erst mit dem Alter von 40–45 Jahren. Hier herrscht blankes Unwissen. Woher soll man das Wissen auch haben? 15 Jahre lang war alles unter Kontrolle, plötzlich gerät alles außer Kontrolle. Während der ersten Monate der Kinderwunschphase schieben dann viele Frauen ihre eventuell erfolglosen Versuche auf die körperliche Umstellung, das inzwischen gestiegene Alter oder beruhigen sich selbst damit, dass der Erwartungsdruck vielleicht eine Schwangerschaft behindert. Wenn die Wartephase sich ausdehnt, ist mit den ersten hormonellen Stimulationen im Rahmen von »Down-Regulation« die Chemie wieder eingekehrt, die man kurz vorher aus dem Leben verbannt hatte. Was man vor wenigen Monaten noch hormonell unterdrückte oder unterband, versucht man heute hormonell in Gang zu bringen. Das verunsichert noch weiter. »Funktioniert mein Körper nur mit Chemie?« »Krieg ich denn gar nichts hin?«

Es ist eine Frage wirklicher sexueller Aufklärung und mündigen Umgangs mit dem eigenen Körper, dass Frauen nicht nur lernen sollten, wie man wirkungsvoll Schwangerschaften unterbinden kann, sondern wie der weibliche Körper, wie Fruchtbarkeit ganz allgemein funktioniert. Darüber herrscht nämlich erschreckendes Unwissen. Wie man die fruchtbaren Tage ermittelt, was genau im Körper passiert, wie ein Zyklus abläuft, davon haben viele Frauen über eine ganze Reihe von Jahren nicht nachdenken müssen. Nun ist es an der Zeit, dieses Wissen zu erwerben. Die Beschäftigung mit den eigenen körperlichen Vorgängen in Akzeptanz und Verständnis ist unverzichtbar, wenn man eine Kinderwunschbehandlung psychisch und leiblich unbeschadet überstehen will. Wer gar nicht weiß, was im eigenen Leib körperlich ablaufen wird, wenn der Arzt oder die Ärztin das Vorgehen erklärt, erfährt Entfremdung. Hinzu kommt die Tendenz von Paaren, selektiv auf den Kinderwunsch hin orientiert zuzuhören. Eine Klientin sagte einmal: *»Ich habe nicht gehört, was der Eingriff für meinen Körper bedeutete. Die Risiken wollte ich nicht kennen. Und ich hätte mit den Begriffen auch nichts anzufangen gewusst. Ich wollte das nicht hören, und es war mir auch fast egal. Ich hörte nur ›Blablabla … erhöht die Chance auf eine Schwangerschaft … Blablabla!‹ – das reichte mir.«* Bleibt der Überblick über das eigene Innenleben aber längere Zeit aus, entsteht bei den Betroffenen ein Gefühl dauernder Fremdbestimmung, Ohnmacht und Tatenlosigkeit, das nicht nur den Behandlungserfolg mindern kann, sondern auch zu einem schlechten Selbstgefühl führt. Viele Frauen kennen ihre Vagina nicht persönlich. Fassen sie nicht gerne an, führen keine Selbstuntersuchungen durch. Sie soll funktionieren, fertig. Nicht einmal die ärztlich dringend empfohlenen Brustuntersuchungen werden ernst genommen. Viele Frauen sind mit ihrem Körper so unzufrieden oder unvertraut, dass sie ihn nicht aus der Nähe betrachten wollen und oft staunend auf den Ultraschall starren, wenn sie entdecken, was in ihnen alles lebt. Wer nicht gut und gerne Frau ist, sich selbst wenig kennt und irgendwann auf die Hilfe meist männlicher Mediziner angewiesen ist, ist zur Passivität verurteilt, die frustriert und resigniert. Sich selbst zu schützen und sich seiner funktionierenden Körperlichkeit immer wieder zu versichern, ist unverzichtbar für Frauen in Kinderwunschbehandlungen. Und nicht nur für diese. Was während einer Schwangerschaft mit dem Körper passiert, wie die inneren Organe, der Beckenboden und das Bindegewebe reagieren, das sollte vor der Geburt bekannt sein, nicht erst danach.

Sexualität und die Kommunikation darüber ist etwas, das allein ein ganzes Buch füllen könnte. Paare schaffen es in beeindruckender Weise, das Thema teilweise über Jahre und Jahrzehnte auszuklammern. Sie verwenden mehr Energie darauf, NICHT über ihre Sexualität und ihre sexuellen Wünsche zu sprechen, als es sie jemals kosten könnte, sich ein Herz zu fassen und das erste Mal »was ich dir schon lange einmal sagen wollte ...« auszusprechen. Paare sind Meister in dem, was der Sexualtherapeut Ulrich Clement »Exkommunikation« nennt, dem Ausklammern und Totschweigen eigener Bedürfnisse in einem komplexen System von Erwartungen dessen, was der andere erwarten könnte. Es fehlt die Sprache, es fehlt der Mut. Warum nicht die Zeit des Kinderwunsches nutzen, um dieses Knäuel aus unausgesprochenen Fragen und Antworten einmal aufzulösen? Warum nicht einen Sinn in dieser als so ungerecht empfundenen Warteschleife des persönlichen Glücks suchen? Wenn dabei als Nebeneffekt eine freiere und bessere Art, über Sexualität zu kommunizieren, herauskommt, war diese Phase wenigstens hierfür gut.

Für umfassende Information braucht es darüber hinaus eine Reihe von Gesprächen mit dem Frauenarzt, wenn dieser / diese sich dafür Zeit nimmt. Psychologische Beratungen sind in der Regel während der Behandlung zumindest punktuell inklusive und möglich. Fragen Sie danach. Es ist kein Zeichen von Schwäche, und kein professioneller Berater wird Ihnen den Kinderwunsch ausreden oder Ihre Motivationen infrage stellen. Es gibt überdies eine Reihe von Netzwerken, die Kontakte zu Beratungsstellen herstellen können, in denen man professionellen Rat sowie Verständnis und einen interessierten Zugang findet. Auch Stellen wie Pro Familia oder Sexualtherapeuten können hier weiterhelfen. Betrachten Sie das Hinzuziehen von Experten als Vorübung für eine mögliche Elternschaft. Auch hier werden Sie Leute um Rat fragen müssen, die Erfahrung haben. Und indem Sie dieses Buch erworben haben, sind Sie auch schon einen kleinen Schritt weiter gekommen.

13. Leidenschaft und Lebensqualität

Viele Mythen kreisen um die Sexualität und das Begehren zwischen Liebenden. Wir akzeptieren sie ungefragt und nehmen sie im Zweifelsfall für bare Münze. Einer der Mythen beispielsweise sieht es als erwiesen an, dass das sexuelle Begehren zwangsläufig durch einen drastischen Hormonabfall im Laufe der Beziehung nachlässt; dass man früher oder später mehr oder weniger lustlos und beinahe asexuell nebeneinander im Bett liegt, die Lesebrille auf der Nase, den Roman fest im Blick. Tausend Schlager künden darüber hinaus von der vermeintlichen Asymmetrie im sexuellen Appetit zwischen Männern und Frauen. »Heute Abend hab ich Kopfweh« (Ireen Sheer, 1992) ist die Hymne dieses Mythos. Routine stellt sich offenbar unausweichlich ein, der Alltag zerstört Leidenschaft und Wollust. So weit die Theorie. Die allermeisten Paare sind so überzeugt von der Wirksamkeit dieser Mythen, dass sie sich kampflos ergeben und das langsame Sterben der Leidenschaft in ihrer Beziehung als Nebenwirkung der Ehe akzeptieren. Im Falle eines Kinderwunsches, zumal wenn die Beziehung über die angeblich erste und vorübergehende Welle der sexuellen Begeisterung hinweg ist, sehen sich Paare dann in der etwas willkürlichen Situation, aus dem Modus »resignierte Routine« in »semi-begeisterte Libido« wechseln zu müssen. Tatsächlich scheitern manche Kinderwünsche auch an einer zu niedrigen Koitusfrequenz. In mancher Kinderwunschpraxis folgt auf die Frage »Wann hatten Sie denn abgesehen von der Therapie noch Sex miteinander?« betretenes Schweigen. Nachdem der Erfolgsdruck, nachdem Schmerz und Verlust in den Seelen der Betroffenen gewütet haben, können viele Paare mit eben diesem einen Partner gar keinen Sex mehr haben. Manche verzichten jahrelang darauf, und alles Körperliche findet nur noch in der Arztpraxis statt. Manche Paare raffen sich buchstäblich auf, um sich sexuell füreinander zu begeistern, und das gilt – entgegen aller Vorurteile – für Männer ebenso wie für Frauen.

Let's talk about Sex

Sexualität, das weiß jeder Drittklässler, gehört dazu, wenn man Kinder haben möchte. Wer über Kinderwunsch spricht, spricht also auch über Sexualität. Und das mit Menschen, denen man eigentlich gar nichts von der eigenen Sexualität erzählen wollte. Conny: »*Klar, wir haben es schon dem einen oder anderen erzählt. Und immer hatten wir dabei das Gefühl, ein Stück weit laden wir die Leute jetzt in unser Schlafzimmer ein. Wie man Kinder macht, darüber spricht man ja sonst mit Freunden, Nachbarn und Bekannten nie. Die wussten irgendwann alles über uns und unsere Körper, aber wir nichts über die. Das war nicht schön. Und manchmal hatten wir das Gefühl, die denken: Die machen bestimmt etwas falsch, wenn es nicht klappt.*«

In den allermeisten Fällen entschließen sich Paare für Kinder, die sich schon eine Weile kennen und den Rausch der ersten sexuellen Euphorie bereits lange hinter sich haben. Ganz von selbst will die Libido dann nicht wieder zur Höchstform auflaufen. Nun gibt es zwei Möglichkeiten: Die eine bedeutet, sich für die Zeit des Kinderwunsches zusammenzureißen und »um der guten Sache willen« eine gewisse Belebung der eigenen sexuellen Bereitschaft anzuschieben. Vielen Paaren gelingt das erstaunlich gut, wenn auch manchmal »danach« eine gewisse Leere bleibt, eine Unerfülltheit im erotischen Empfinden, ein schaler Nachgeschmack und der Wunsch, es möge wieder anders, nämlich leidenschaftlicher, werden zwischen ihnen. Die andere Möglichkeit ist diejenige, sich einmal grundsätzlich mit der Funktionsweise und den Bedingungen von Leidenschaft in Paarbeziehungen auseinanderzusetzen. Das bedeutet, sie zuerst ohne den Fokus auf dem Kinderwunsch zu verstehen und dann gemeinsam zu überlegen, was diese Funktions- und Situationsanalyse für Möglichkeiten eröffnet. Auf diese Weise kann das Paar ganz konkret etwas für die Qualität der Beziehung tun.

Intimität und Verlangen

Um der eigenen Leidenschaft auf die Spur zu kommen, darf man sich immer wieder auf den amerikanischen Sexual- und Paartherapeuten David Schnarch berufen, der sich eben mit diesen Themen ausschließlich beschäftigt und Kluges dazu geschrieben hat. In meinen Ausführungen gehe ich von seinen Theorien aus. Sie schließen sich nahtlos an meine Gedanken in der Einleitung an, in denen es um scheinbare »Natürlichkeit« in Paarbeziehungen und im Denken darüber geht.

Noch vor gar nicht allzu vielen Jahrzehnten war eine schwache geschlechtliche Lust ein akzeptierter, religiös sogar hoch angesehener Zustand, hielt er doch die vermeintliche Sünde von den Menschen fern. Wer seiner Begierde Meister war, galt als tugendhafter, integrer Mensch. Insbesondere Frauen hefteten sich mit sexueller Inappetenz und Enthaltsamkeit einen hoch dotierten Orden an die Brust und galten als besonders wertvoll. Reste davon erkennen wir auch heute noch wieder, wenn wir nur darüber nachdenken, wie unterschiedlich Menschen auf sexuell offensive Männer oder sexuell offensive Frauen reagieren. Während Erstere (siehe Boris Becker, Lothar Matthäus, Flavio Briatore) oft als ganze Kerle betrachtet werden, gelten Letztere (Madonna, Miley Cyrus, Lindsay Lohan, Heidi Klum oder Courtney Love) als fragwürdige Figuren, denen man einen mangelnden sittlichen Halt unterstellt, insbesondere wenn sie Kinder haben.

Gleichzeitig gilt sexuelles Verlangen heute paradoxerweise als »natürlich«. Aufeinander Lust zu haben, sollte Standard sein, und wenn sich Zeiten sexueller Inappetenz einstellen, ist, so die gängige Meinung, fast jede Beziehung unmittelbar mit einem Grundproblem ausgestattet. Man »hat« sich zu »wollen«, wenn man miteinander in einer Beziehung ist, und wenn man anfängt, über sexuelle Schwierigkeiten oder Eigenarten nachzudenken, ist man schon Teil der großen Masse der sexuell Frustrierten. Sexualität gehört zu den wichtigsten Mechanismen der internen Vergewisserung in Paarkonstellationen. Wer miteinander

schläft, signalisiert: »Unsere Beziehung ist noch gut. Sie funktioniert.«
Umgekehrt kann dauerhafte Abstinenz zur Verunsicherung über die
Funktion der Beziehung führen. Paare, die sich sexuell nicht begehren, stellen unter Umständen den Sinn der Zweierbeziehung infrage.
Zu denen will man natürlich nicht gehören, sodass das Thema lieber
vermieden wird. Die Theorienbildung, warum er oder sie weniger
Lust empfinden könnte, wächst sich insbesondere in Frauenköpfen zu
ebenso plausiblen wie hanebüchenen Konstrukten aus. Manche stellen
diese dann Dritten vor, die solche Theorien noch durch eigene Ideen
anreichern. Heraus kommt eine oft krude Mischung aus vermuteten
Kindheitstraumata bei ihm und ihr, bereits schon länger ausgemachten Defiziten, zumeist natürlich beim Partner, und eine wachsende
Resignation, dass man trotz allen Nachdenkens immer noch keine
Lösung gefunden hat. Solche Theorien entwickeln oft ungesunde Eigendynamiken und zielen an den Betroffenen vorbei. Schnarch hat
einen interessanten Erklärungsansatz, der hier für Ordnung sorgen
könnte.

Grundlage hierfür sind zwei Ausgangspunkte. Zum einen betrachtet
er das sexuelle Erleben als einen Teil der komplexen Kommunikationsstruktur zwischen Paaren. Liebende lernen im Körperlichen miteinander eine neue Sprache, die sie im Laufe der gemeinsam verbrachten
Zeit virtuos beherrschen. Sie tauschen Inhalte, erkennen auch subtilste Signale und können sich auch noch so unterschwellige Botschaften treffsicher vermitteln. Das fördert eine große Nähe und Intimität.
Diese Intimität ist wunderschön, vermittelt Geborgenheit und das Gefühl vom »Erkannt-Werden«. Sie schafft das Vertrauen, zu lieben. In
gemeinsam erlebter Sexualität sind es die Momente der Intimität, die
uns in Erinnerung bleiben. Unsere Geschlechtsorgane haben kein Erinnerungsvermögen, unsere Gehirne schon, und eben diese wandeln
einen Koitus in »Liebe machen« um, Sex wird zur »Erfüllung«.

Wenn man aber ganz und gar vom anderen erfüllt ist, bewegt man
sich in einer sicheren sexuellen Schnittmenge aus Bewährtem und Erprobtem. Die eigene, womöglich vom Partner wenig akzeptierte Sexua-

lität wird ex-kommuniziert[1], und damit werden große Teile der eigenen Identität nicht gelebt. Sexualität wird zur Paarsexualität, Identität wird zur Paaridentität. Platz für eine eigene Sexualität bleibt nicht mehr. Auch die eigene Identität wird auf Passung zum Partner getrimmt. Insbesondere während einer Phase der Kinderwunschbehandlung bleibt wenig Platz für das eigene Selbst, für eigene sexuelle Ideen und die vom Partner unabhängige Identität. Und hier setzt der Prozess ein, der das Begehren auf die Dauer verhindert oder bremst. Die Öffnung für den Partner bringt eine größere Verwundbarkeit mit sich, immerhin müsste man sich trauen, dem anderen Wünsche zu gestehen, die dieser nicht mit vorhersehbarer Sicherheit gut finden wird. Bedürfnisse des eigenen Selbst werden abgewogen und in Relation zur erwarteten Reaktion des Partners bewertet.

Differenzierung und Grenzsetzung als Motor für Begierde

Das Selbst wird infrage gestellt, manchmal sogar bedrängt. Zwischen den Bedürfnissen des Partners und den eigenen wird gestritten. Wer eine gering ausgebildete Fähigkeit hat, im Lieben bei sich selbst zu bleiben, wer buchstäblich mit dem Partner verschmilzt, wer seine Bedürfnisse dauerhaft vom geliebten Menschen erfüllen lässt, der versäumt es oft, sich selbst immer wieder als eigenständigen, auch sexuell motivierten Menschen zu betrachten. Irgendwann fällt dann der Satz »Ich brauche dich«. Und dieser Satz ist für Paare mit Kinderwunsch in doppelter Hinsicht problematisch.

Zum einen, so argumentiert Schnarch, kann man nicht wollen, was oder wen man gleichzeitig braucht. »Ich begehre dich« und »Ich brauche dich« schließen sich gegenseitig aus. Warum? Begehren erfordert Mut. Denn wer etwas haben will, muss damit rechnen, ein »Nein« zu kassieren. Wer begehrt, muss die Stärke haben, dieses »Nein« zu akzeptieren, ohne eine tiefe Kränkung hinzunehmen. Dazu benötigt das Selbst die Fähigkeit zur Differenzierung. *»Okay, ich will dich, aber*

---

1 Vgl. Ulrich Clement, »Systematische Sexualtherapie«, 6. Aufl., Klett-Cotta, Stuttgart 2014.

du willst mich jetzt gerade nicht. Das gefällt mir nicht, aber ich kann für mich selbst sorgen und bin dennoch ein wertvoller, vollständiger Mensch.« Wer den Partner aber braucht, kann das »Nein« logischerweise nicht akzeptieren, ohne Schaden zu nehmen, denn wer etwas, das er braucht, nicht bekommt, bleibt unvollständig und in einem Mangelzustand zurück. *»Ich brauche dich, aber du willst dich mir nicht (hin-) geben. Das schmerzt mich, weil mir nun etwas fehlt. Ohne deine Hingabe bin ich kein ganzer Mensch. Diesen Mangel spüre ich so lange, bis du mir das gibst, was ich brauche.*« Begehren hat also mit der Bereitschaft zu tun, etwas haben zu wollen, auch auf das Risiko hin, es nicht zu bekommen und dennoch zufrieden zu bleiben.

Bei Paaren mit Kinderwunsch funktioniert das Spiel von Begierde und Leidenschaft im Prinzip genauso. Nur mit einem bedeutsamen Unterschied: Das gegenseitige »Brauchen« ist strukturell, physisch und unbedingt. Auf einer biologischen/physiologischen Ebene ist die Bedürftigkeit ständig gegeben. »Ich brauche dich, denn ich will ein Kind mit dir. Wenn du mich ablehnst, dann entscheidest du dich in diesem Moment nicht nur gegen das Zusammensein mit meinem Körper, sondern auch gegen die Idee von einem Kind.« Je nach Zyklustag oder Behandlungstermin kann diese Aussage auch noch drei Ausrufezeichen bekommen. An solchen Tagen muss Sex passieren, damit die Chance steigt, sich einen gemeinsamen Wunsch zu erfüllen. Wo an dieser Stelle das Begehren bleiben soll, der Mut, auch ein »Nein« zu akzeptieren, und der Mut, seinem Wunsch Ausdruck zu verleihen, wird fraglich. Hier besteht wirklich ein Konflikt, der schwierig aufzulösen ist.

Linderung verschafft hier immer wieder die Steigerung dessen, was Schnarch »Differenzierungsfähigkeit« nennt. »Was macht mich aus? Was bin ich wert, auch wenn ich nichts leiste? Wo sind meine Grenzen? Was will ich, was brauche ich? Und wo fängt mein Partner / meine Partnerin mit ihren Bedürfnissen an? Wann darf ich »Nein«, wann will ich »Ja« sagen?

Sie sind ein Paar mit Kinderwunsch. Das bedeutet, Sie rücken noch enger aneinander, als Sie das im vorherigen Zustand taten. Sie haben ein gemeinsames Ziel, einen hoffentlich gemeinsamen Lebenstraum. Vergewissern Sie sich Ihrer eigenen Merkmale und versuchen Sie, der Tendenz zu widerstehen, alles in einen Topf zu werfen und die Grenzen zwischen sich verschwimmen zu lassen. Grenzen bedeuten keinen Rückzug, keine Distanzierung, sondern Differenzierung. Sie bedeuten einfach, sich selbst als Person immer wiedererkennen zu können. Nur so bewahren Sie die Stärke und Energie, um Ihren Partner immer noch und trotz allem zu wollen statt zu brauchen. Und nur so behalten Sie Ihre Kraftreserven, die Sie in dieser schwierigen Phase immer wieder auch für den anderen einsetzen wollen.

Gestehen Sie sich Freiräume zu, akzeptieren Sie ein »Nein« ohne Tränen und Druck. Sorgen Sie dafür, dass Sie auch ohne den Partner oder die Partnerin Erlebnisse haben (und nicht nur Freizeit, gefüllt mit Vereinen oder Sport). Bleiben Sie ein eigenständiges Individuum, neugierig auf die Welt und das Leben. Lernen Sie viel Neues und bleiben Sie in Bewegung. So erhalten Sie das starke, flexible Selbst, das Sie zu einem starken, zuverlässigen und vitalen Lebenspartner macht.

»Wo tut's denn weh?« Eine Sprache fürs Körperliche finden

In diesem Kapitel wird es heikel. Wir kommen nicht darum herum. Um Eltern zu werden, muss man sich in der Regel mit solchen Dingen nicht explizit auseinandersetzen, aber wenn man in der Phase eines unerfüllten Kinderwunsches steckt, schon. Sexualität und Körperlichkeit brauchen eine klare Sprache. Es wird nämlich mit der Zeit deutlich, dass man nicht *nicht* über bestimmte Dinge reden kann. Wir haben unseren Körper eben nicht nur zur Fortpflanzung, sondern auch zum Spaß und zum kommunikativen Austausch auf nonverbale Weise, und diese Ebenen voneinander zu trennen, kommt uns seltsam vor; so seltsam, dass viele Paare stumm und wortlos werden für das, was während der Kinderwunschphase mit ihnen und ihren Körpern passiert. Es wird hier also um Körperliches, Leibliches, Sexuelles und Erotisches gehen, um Namen für Dinge und die Sprache für eine Sache, die für sich genommen schon eine ganz eigene Sprache darstellt.

Im Rausch der Sinne

Sexualität und Körperlichkeit sind Phänomene, von denen wir immer noch annehmen wollen, dass sie auf magische Weise von selbst funktionieren. In allen Filmen, Romanen und Erzählungen dieser Welt sieht diese Magie so aus: Zwei Menschen verlieben sich, berühren sich, küssen sich, finden auf wundersame Weise den besten Weg zueinander, drücken die richtigen Knöpfe, fallen wort- und atemlos übereinander her und bescheren sich in der unmittelbaren Folge Erfüllung und Befriedigung. Aus dieser enormen und schlafwandlerisch leichten Leidenschaft kann dann (in manchen ganz speziellen Filmen) ein Kind der Liebe entstehen. Und unterwegs wird kein einziges Wort darüber verloren, was man da eigentlich tut. Es geht von allein, der Körper bleibt heilig, rätselhaft, schön, erfolgreich und unversehrt. Sprechen muss man nicht. Wenn alles stimmt, wird Liebe anscheinend zum Stummfilm.

So wie in amerikanischen Filmen bestimmte Requisiten die Fortpflanzungs- und Sexualorgane verdecken (Nipple-Shields kaschieren erigierte Brustwarzen, gestärkte Bettlaken werden in passenden Momenten um weibliche Unterleibe gewickelt, und Männer bewegen sich grundsätzlich mit von der Kamera abgewandtem Penis durchs Bild), so blenden wir normalerweise sprachlich aus, was wir leiblich tun. Wir haben selten eine Sprache für die angeblich schönste Sache der Welt. Nur äußerst unzureichend sind wir in der Lage, das zu benennen, was uns Lust oder Unlust beschert. Die Wortlosigkeit in unseren Betten ist oft so groß wie die Unzufriedenheit, die Unsicherheit, die Frustration. Wie soll man auch so ein Geschlechtsorgan nennen, ohne sich lächerlich zu machen? Wann, wie und wo plaziert man das Wort, ohne als verklemmter Sexualoptimierer oder peinliche Verbalerotikerin dazustehen? Zwischen »klinisch« und »vulgär« wandelt man auf einem schmalen Grat. Wann ist außerdem der richtige Moment zu sagen: »Du, das habe ich gern, wenn du mich dort berührst.« »Da bin ich besonders empfindlich.« oder »Es kränkt mich, wenn du mich niemals dort anfasst.« Es beginnt schon bei der Frage der Vokabeln. Wie nennt man das, was man da hat? Es stehen hier die beliebten Kosenamen wie Muschi oder Maus für Vagina zur Verfügung. Titten, Möpse, Brüste oder Boobs? Wie sagt man es lässig, aber nicht vulgär, liebevoll, aber nicht niedlich? Männer haben eine ganze Palette von Begriffen für ihre Geschlechtsorgane zur Auswahl, die aber durchweg nur die produktive, handwerkliche Seite des sexuellen Lebens beleuchten oder wahlweise den Penis zu einem Spielzeug degradieren. Lümmel, Bolzen oder Pillemann – keiner dieser Begriffe vermag dieses Organ zu beschreiben. Deswegen sagen sie meisten Männer »Schwanz«. Nicht mehr und nicht weniger sehen sie, wenn sie an sich herabsehen. Wie nennen Sie Ihre Geschlechtsorgane? Haben Sie einen speziellen Namen dafür?

Noch schwieriger wird es, wenn es konkreter wird. Innere, äußere Schamlippen, Vulva, Scheideneingang, Gebärmutterhals, G-Punkt, Muttermund, Hoden, Skrotum, Anus. Hier geht alles durcheinander. Biologisch-Physisches und Sexuell-Erotisches liegen auf derselben Stelle der Körperlandkarte. Oftmals sind wir unsicher oder unzufrieden mit unserer körperlichen Ausstattung und akzeptieren sie eher stillschweigend, als sie noch explizit zu thematisieren. Und nicht bei jedem Menschen bedeuten diese heiklen Stellen dasselbe. Während ein Hodensack für den einen Mann der Aufbewahrungsort für Spermien ist, stellt er für den anderen eine hocherogene Zone dar. Während die eine Frau ihre Brustwarzen nur als dekoratives Element am Oberkörper oder künftige Stillvorrichtung betrachtet, gehört sie für andere als Sexualorgan zum Liebesspiel dazu. Unsere Sexualorgane sind multifunktional und kulturell aufgeladen. Und das macht es so schwierig, konstruktiv, aber eben nicht sachlich über sie zu sprechen.

Körperlandkarten

Viele von uns sind aber nicht einmal in der Lage, sich vorzustellen, wo viele dieser Körperstellen überhaupt liegen, geschweige denn, wie man damit umgegangen wissen will. Die sexuelle Aufklärung hat zu einer Bagatellisierung des Erotischen geführt. »Sex is all around.« Wohin wir auch sehen, wird kopuliert, was der Bildschirm hergibt. Aber gleichzeitig schwanken wir zwischen einer Pornografisierung und ästhetischen Verdinglichung unserer Körper und dem Wunsch, in einer Atmosphäre von Offenheit und Intimität mit dem geliebten Partner endlich einmal das auszusprechen, was wir schon immer einmal gesagt haben wollen. Wir wollen in unserer unperfekten Körperlichkeit, in unseren Defiziten und Dysfunktionalitäten geliebt werden. Und dazu müssen wir reden. Schließlich kann er, kann sie ja nicht wissen, wie unser spezieller Körper tickt. Das bringt uns nämlich niemand bei. Wie wollen wir ein liebevolles Wort für unsere höchst durchschnittlichen und nicht immer ansehnlichen Geschlechtsteile finden, wenn überall nur hochglanzgephotoshopte Designer-Vaginas und perfekte Penisse mit dazu passenden Oberkörpern zu bestaunen sind? Schon stecken Paare in der Perfektionsfalle, die oftmals stumm und ängstlich macht. Für den langen Weg zum Wunschkind oder durch die Phase des Kinderwunsches ist es aber unabdingbar, die eigenen körperlichen Vorgänge benennen zu können und die medizinisch-klinische Ebene von der sexuell-erotischen zu trennen.

Zeit für Tabubrüche

Durch die Doppelbedeutung Fortpflanzung / Erotik werden viele heikle Themen relevant. Nehmen wir als Beispiel das Tabu-Thema Masturbation. (Der Peinlichkeitsfaktor dieses Kapitels war angekündigt, Sie waren also gewarnt!!) Wahrscheinlich hätten viele Frauen ein großes Fragezeichen im Gesicht, die ihren Partner beim Masturbieren in flagranti »erwischten« oder Indizien dafür fänden, dass er sich selbst befriedigt hat. Sie würden vielleicht fragen, was das für die Beziehung bedeuten könnte, ob sie vielleicht nicht mehr attraktiv genug seien. Oder sie würden es totschweigen.

Während einer Kinderwunschbehandlung aber gehört männliche Masturbation zum Alltag. Frauen geben ihren Männern in diesen Fällen manchmal sogar einen freundschaftlichen Stups, wenn diese in die Kabine mit den einschlägigen Heftchen zu gehen haben. Plötzlich ist Masturbation eine unverzichtbare Kompetenz. Ejakulation auf Knopfdruck, ein intimer Vorgang soll an den unmöglichsten Orten funktionieren. Wichtig ist nur, dass die Spermienzahl stimmt. Wie sollen die betroffenen Männer diese Diskrepanz überbrücken? Und wer behauptet, dass Masturbation in einem Nebenraum einer Arztpraxis auch nur den Hauch von Freude macht, der lügt sich selbst oder die Partnerin an. Seine Körperflüssigkeiten, noch körperwarm, einer unbekannten Sprechstundenhilfe in die Hand zu drücken, ist und bleibt für viele Männer peinlich und demütigend.

Frauen hingegen sind in der Situation, dass ihnen ständig jemand in ihre Geschlechtsorgane hineinschaut. Pausenlos werden Gegenstände, Instrumente, Pipetten oder andere Fremdkörper in die Vagina eingeführt. So etwas bleibt nicht folgenlos für die Körperempfindung einer Frau. Die aktuell medizinisch zu nutzende Vagina und die für Zärtlichkeiten empfängliche »Muschi« befinden sich unglücklicherweise an ein und derselben Stelle. Montags morgens gespiegelt zu werden und Dienstag abends mit dem Partner Sex zu haben, ist kein Spaß. Hier die Ebenen zu trennen, gelingt nur den wenigsten Paaren, und meist auch nur am Anfang einer Behandlung. Wenn dann hormonell bedingte Veränderungen der Körperkontur, Gewichtszunahme oder die ständige Kritik an einer zu geringen Spermienanzahl hinzukommen, wird die Haut (übrigens auch ein wichtiges Sexualorgan) dünn und dünner.

Was Paare tun können, ist, das offene Gespräch zu suchen. Sich in einer ruhigen Stunde und zur Not auch unter Zuhilfenahme eines großen Glases Rotwein möglichst gleich zu Beginn einer Kinderwunschphase die Last des Tabus zu nehmen. Dazu sind das Sex-Brevier der Autorin Mira Kirshenbaum oder eine Körperlandkarte hilfreich.

Das »Sex-Brevier« nach Mira Kirshenbaum[1]

1	Das Wichtigste, was du über mich beim Sex wissen musst, ist:
2	Drei Dinge, die ich mir von dir öfter wünsche:
3	Drei Dinge, die ich nicht so gern mag:
4	Drei Dinge, die du mich öfter machen lassen könntest:
5	Drei Dinge, mit denen du mir zeigen kannst, dass du mich begehrst:
6	So oft möchte ich Sex mit dir haben (pro Woche / pro Monat):
7	Das kannst du als Liebhaber am besten:
8	Das mag ich am liebsten:

---

1 Mira Kirshenbaum: »Ich will bleiben – aber wie? Neuanfang für Paare«. Fischer, Frankfurt a. M., 2012.

Bei der Körperlandkarte legen sich die Partner abwechselnd auf ein großes Stück Papier und umzeichnen ihre Körperkontur. Dann soll er auf ihrer Kontur mit grünen Kreuzen die Stellen markieren, an denen er vermutet, dass sie gern berührt wird. Mit roten Kreuzen markiert er die Stellen, von denen er meint, dass sie es nicht leiden kann, berührt zu werden. Dann können die Partner versuchen, Namen für verschiedene Körperstellen zu finden. Vielleicht wird dann aus einer »Scheide« eine »Kirsche«, ein »Kätzchen« oder eine »Uschi« und aus einem »Penis« ein »Bill«. Und vielleicht wünscht er sich, dass sie das Wort »Schwanz« einmal ausspricht. Das kann unter Umständen sehr lustig werden. In jedem Fall öffnet es den Blick dafür, wie man sich gegenseitig sieht, was man mag, wie man berührt werden möchte. Diese persönlichen, individuellen Namen stellen den Intimbereich des Paares dar. Sobald die beiden wieder allein und zärtlich sind, bleiben die medizinischen Bezeichnungen draußen. Die beiden haben eine eigene Sprache fürs Körperliche gefunden. Und diese Sprache ist wichtig, weil sie den intimen Bereich vom öffentlichen abgrenzt. In der Praxis heißt es »Vagina«, zu Hause aber anders. Mit zärtlichen Worten kann man geschundene Körper trösten, das Leibliche bekommt einen Ort zum Ausruhen. Wünsche und Bedürfnisse können kommuniziert werden, man kann lernen, sich gutzutun. Was körperlich vorgeht, ist kein Mysterium mehr, seit der Kinderwunsch da ist, warum die Chance nicht nutzen und in Sachen Paarsexualität ein paar Vokabeln dazulernen?

14. Wertschätzungsrituale

Liebe = Happy End?

»Boy meets girl«: Kuss, Fanfare, Tusch und Abspann – dieses Bild ist in unserer gelernten Sicht auf die Welt immer noch das Szenario der wahren Liebe. Wir haben in der westlichen Welt inzwischen eine recht gefestigte Vorstellung davon, was Liebe eigentlich bedeuten soll. Kaum bewegen wir uns aber ein paar hundert Kilometer weiter südöstlich, stellen sich die Liebesvorstellungen unserer Welt schon infrage. »Boy meets girl« passt bereits nach Passieren der Grenze zur Türkei nicht mehr überall so recht in den Alltag, im Nahen Osten findet die westliche Liebesvorstellung noch weniger Verständnis, und Indien hat seit Jahrhunderten eine komplett andere Philosophie zum Thema Liebe als der Westen. Liebe ist nach indischer Lehre einfach da, wertfrei ohne Selbstzweck. »Haben«, »Gewinnen« und »Besitzen« spielen dort keine oder kleinere Rollen.

Die romantische Vorstellung von Werben, Überzeugen und Erobern als Essenz von Liebe gilt hauptsächlich im sogenannten Abendland. Sie hat sich in unserer Kulturgeschichte entwickelt, steht und fällt mit wirtschaftlichem Wohlstand und Individualismusdenken. In anderen Kulturen spielt die eigenständige Wahl des Partners eine weniger wichtige Rolle als in Westeuropa. Sich den oder die »Richtige(n)« auszusuchen, romantische Verliebtheit zu empfinden, ist dort zweitrangig. Wenn die liebevolle Bindung bei der Eheschließung nicht da ist, so die dort vielfach verbreitete Überzeugung, dann wird sie sich eben irgendwann einstellen. Das Verrückte daran ist: Diese Annahme trifft sogar recht häufig zu. Arrangierte Ehen sind nicht alle per se unglücklich, und diejenigen, die aus freien Stücken geschlossen wurden, nicht automatisch glücklich. Die steigenden Scheidungsraten sprechen dazu Bände. Dass die Statistiken derzeit ein Abflachen der Scheidungsraten vermelden, hängt bei näherer Betrachtung weniger mit der sinkenden Zahl trennungswilliger Paare zusammen, sondern damit, dass sich immer mehr Paare für das sogenannte Nestmodell entscheiden. Sie bleiben räumlich und juristisch ein Paar, gehen aber in der Liebe getrennte Wege. Sie wollen bei der Betreuung der Kinder und in ihrer materiellen Versorgung keine Nachteile erfahren und arrangieren sich auf diese Weise. Manchen Paaren gelingt das besser, manchen weniger gut.

Achtsam, dankbar und begeistert

Die Entwicklung der Emotionen während der Beziehung erlebt Schübe und Verlangsamungen, Höhen und Tiefen. Diese Erkenntnis bedeutet aber auch, dass nach der Phase der wilden Verliebtheit, die in unserer Kultur so wichtig zu sein scheint, etwas anderes an ihre Stelle treten kann, das mit einer veränderten Art von Liebe zu tun hat. Nicht Attraktivität, Leidenschaft und Sehnsucht allein kennzeichnen diesen Charakter, sondern es treten Dankbarkeit, Wertschätzung und die inzwischen herauf und herunter deklinierte Achtsamkeit an ihre Stelle.

Es ist fast ein bisschen schade, dass der Begriff »Achtsamkeit« in den letzten Jahren so inflationär besungen wurde. Vom Körperpflegeprodukt, das »achtsam« eingearbeitet werden soll, bis zur »achtsamen« Yoga-Übung wurde alles mit diesem Etikett beklebt, was Wohlbefinden und »nett sein« beschrieb. Doch Achtsamkeit bedeutet viel mehr. Es heißt auch, dem Partner freiwillig und selbstlos Aufmerksamkeit zu schenken und sich an seiner oder ihrer Existenz zu freuen, unabhängig davon, was er oder sie für uns oder die Gesellschaft gerade leistet. Achtsam auf ein Lebewesen zu schauen, bedeutet, es dafür zu achten, dass es einfach da ist. Allein durch die eigene Existenz, durch die persönliche Lebensfreude tragen wir etwas Gutes zur Welt bei. Das ist in unserer westlichen Welt ein vergessener Gedanke, werden wir doch ständig danach gemessen, was wir leisten, wie schnell wir sind, wie hübsch, fit und angepasst an die Lebensumstände, wie reich, wie vorzeigbar usw. ...

Der Funktionsmodus oder »just do it«

In meiner Paarberatung habe ich für das, was Paaren in den meisten Fällen Probleme mit der Liebe bereitet, den Begriff »Funktionsmodus« geprägt. Kaum ist die wilde Phase der Verliebtheit vorbei, geraten einst glückselige Paare in diesen Funktionsmodus. Job, Karriere, Hausbau, Kinder. Alles muss funktionieren. Die Freude darüber, einen so wunderbaren Menschen gefunden zu haben, erstickt unter Fußbodenbelagsauswahlgesprächen und Ikea-Taschen, unter Kindergartenanmeldungen und Schwiegermutterbesuchen. Allein diese Faktoren verstärken und begründen den Funktionsmodus schon so weit, dass viele Paare unter der Last der Erwartungen zusammenbrechen oder lustlos und verdrossen werden.

In der Phase des unerfüllten Kinderwunsches sehen sich Paare deswegen nach ganz kurzer Zeit bereits unter einem kaum aushaltbaren Druck. Im Gegensatz zu beruflichem Erfolg oder körperlicher Fitness, die wir bestenfalls durch Fleiß oder hartes Training erreichen können (»just do it« als Werbeslogan einer Sportartikelfirma bringt es auf den Punkt), will der Kinderwunsch manchmal auf keine Bemühung reagieren. Das konfrontiert uns mit unserer Weltsicht und unseren inneren Überzeugungen, und wir merken: Unsere Kultur der Leistungsorientierung ist an vielen Stellen bereits in unsere Liebesbeziehung gesickert. Wir nehmen an, dass wir auch dort effektiv wirken und Ergebnisse vorweisen müssen. An diesem Punkt fürchten wir, dass selbst die schönste Liebe manchmal Leistung zu erwarten scheint. Wir wollen unserem Partner in der Phase des Kinderwunsches etwas schenken, ihn mit allen Mitteln unterstützen, um ein gemeinsames Ziel zu verwirklichen, und manche Paare schlittern auf diesem Weg in Selbstablehnung hinein, weil sie das Misslingen des Plans als persönliches Versagen betrachten, ganz gleich, wie sehr der oder die andere beteuert, dass das überhaupt nicht der Fall ist.

Wie schaffen wir es, unseren Lieben zu signalisieren, dass wir glücklich über ihre Existenz sind, ganz unabhängig davon, ob sie etwas schaffen oder leisten? Wie geht Liebe ohne Erwartungen? »Erwartung ist die Mutter der Enttäuschung«, sagt man in Indien. Die Frage nach unserem Wert unter Weglassung von Erwartungen wird schnell eine philosophische. Und man kann sie sich nur selbst beantworten, denn sie führt uns immer wieder an die Grenzen unseres Denkens. Was erwarte ich vom Leben? Wie blicke ich auf die Welt und mich? Gestehe ich mir eigentlich selbst zu, einfach mal nur ich selbst zu sein, ohne etwas zu leisten? Was tue ich der Welt Gutes, wenn ich nichts tue? Glaube ich selbst daran, dass ich eine Bereicherung für die Welt bin? Bin ich bereit, etwas zu geben, ohne etwas dafür zu erhalten? Wie lange?

Kinderwunsch als Selbstbegegnung

So tief können die Gedanken reichen, wenn man mit dem Denken, Fühlen und Handeln an die eigenen Grenzen stößt. Doch eben dieses stellt den möglichen Wert und Sinn des Wartens und Leidens dar. Wenn es nicht so läuft, wie geplant, sind wir zum Umdenken gezwungen. Wir verlassen den Pfad des »Normalen«, wir machen verändernde Erfahrungen. Paare sollten sich darüber im Klaren sein, dass die Phase eines unerfüllten Kinderwunsches an den Grundfesten der eigenen Überzeugungen rütteln wird. Die Beteiligten werden an die Grenzen ihres Selbstwerts geführt, an Konventionen und Glaubenssätze. Sie können sich das Leben leichter machen, wenn sie diese Stufen von Selbsterkenntnis bewusst zusammen erklimmen, statt gegen das Schwierige anzukämpfen. Gemeinsam infrage zu stellen, was man gelernt hat, sich zu vergewissern, dass man (wenigstens vorübergehend) einen Teil des Lebens dem Schicksal überlässt, versetzt viele in eine Situation wie auf hoher See. Sie fühlen sich allein und den Gezeiten hilflos ausgesetzt. Sich in diesen Momenten zum Festhalten zu haben, ist dann schon viel wert. Partner können sich helfen, indem sie sich signalisieren: *»Ich weiß, dass wir gerade nicht viel aus eigener Kraft tun können. Aber das akzeptieren wir. Mit dir zusammen kann ich es sogar aushalten, die Kontrolle abzugeben. Du bist an meiner Seite, und für den Moment muss und wird mir das reichen. Du musst nichts leisten. Wir*

machen es beide, so gut wir können, und vielleicht haben wir Glück. Viel-
leicht hat das Schicksal aber etwas anderes mit uns vor. Und wenn das so
ist, werde ich es mit dir annehmen und nicht hadern, denn du bist ja da.
Das reicht mir dann. Wir brauchen uns gerade gegenseitig und sind uns
die wichtigsten Menschen. Wir behandeln uns pfleglich und danken uns
dafür, dass wir uns so nahestehen.«

Was sich wie ein Mantra liest, ist für Paare in enormem Stress vielleicht manchmal der blanke Hohn. Doch wer die Kontrolle abgibt und
es nicht persönlich nehmen muss, wenn es wieder einmal nicht ge-
klappt hat, bewahrt ein wenig Energie zum Weiterleben und für den
Alltag. Man wächst an dem, was man zusammen durchlebt. Es ist von
besonderer Wichtigkeit, sich die Bedeutung des anderen nicht nur »irgendwie« zu signalisieren, sondern die Wertschätzung für das Dasein
des Partners auch ausdrücklich mitzuteilen. »Danke« hat therapeutische Wirkung.

Wertschätzungsbekenntnisse

Als Angebot sollen diese beiden Bekenntnisse dienen, die beide Seiten
der Wertschätzung füreinander herausstellen. Vielleicht finden Sie mit
Ihrem Partner einen eigenen, persönlichen Wertschätzungssatz. Die
folgenden Formulierungen sind nur Vorschläge.

»Ich will dich *trotzdem*!«

»Ja, ich weiß, dass unser Leben vom Leisten und Schaffen geprägt ist.
Ich bin mir bewusst, dass wir beide so groß geworden sind. Im Moment
leisten wir beide nicht das, was wir uns vorgenommen haben. Wir geraten an unsere Leistungs-Grenzen. Aber du bist der einzige Mensch für
mich, der niemals etwas leisten muss, damit ich ihn mag. Ich liebe dich
nämlich. Einfach, weil du da bist. Und das bedeutet, dass ich mich freue,
dass du auf der Welt bist. Weiter brauchst du nichts zu tun.«

»Ich will dich *deswegen*!«

»Wir haben uns auf ein Abenteuer mit ungewissem Ausgang eingelassen. Wir haben gemeinsame Ziele. Dass du diesen schweren Weg mit mir gehst, bedeutet mir unglaublich viel. Ich danke dir dafür. Und ich liebe dich dafür noch mehr, wenn das überhaupt möglich ist. Dass du mir zutraust, diese Phase zu meistern, zeigt mir, dass du an mich glaubst. Und das tut mir gut, egal, wie die Welt in einem Jahr aussehen wird.«

Beziehungswe(i)sen

»Wie haben Sie sich kennengelernt? Können Sie sich daran noch erinnern?« Diese Frage, in einer Paartherapiesitzung gestellt, löst meist konzentriertes, schweigendes Stirnrunzeln aus, gefolgt von einem leisen Lächeln auf beiden Seiten. Wie man sich lieben gelernt hat, gehört in aller Regel zu den wunderbarsten Erinnerungen des Lebens als Liebespaar. In der westlichen Kultur ist das der magische Moment. Wir spüren, dass wir eine Wahl, eine Entscheidung getroffen haben. Da blitzt in einem Augenblick die Erkenntnis auf: »Das könnte etwas Ernstes werden.«

Damals, als Sie sich trafen, haben Sie sich als Mann und Frau, als zwei Individuen entschieden, einen bis dato noch undefinierten Weg zusammen zu gehen. Es gab eine bestimmte Grundstimmung, eine Atmosphäre, eine Lebensphase, zu der dieser Partner exakt oder kurioserweise überhaupt nicht passte. Ganz egal, Sie haben sich gefunden. Aus zwei Individuen entstand ein eigenständiges, unverwechselbares drittes Wesen: Ihre Beziehung. (Ich folge hier dem Ansatz des Paartherapeuten Michael Mary.) Diese Beziehung war vorher nicht da, sie entstand erst und in dem Moment, als Sie als zwei unverwechselbare Individuen beschlossen haben: »wir bleiben zusammen«. Erst da erhielt sie ihren unverwechselbaren Charakter. Ihre Beziehung hat Ihnen viel ermöglicht, Sie bestärkt. Sie hat sie getragen, unterhalten, Ihnen Freude bereitet, Sie beschäftigt, manchmal gepiesackt und manches Mal sprachlos gemacht. Fast so, als sei sie ein lebendiges Wesen. Im Gegenzug haben Sie viel investiert. Für Ihre Beziehung haben Sie in der Regel auf andere intensive zwischenmenschliche Bindungen verzichtet. Sie haben sich angestrengt, Ihre Liebe mit Zuwendung gefüttert und sich vielleicht auch in einigen Facetten Ihrer Persönlichkeit verändert, damit Sie Ihre Beziehung bewahren können.

Wie war es am Anfang zwischen Ihnen? Diese Frage ist wichtig. Denn es geht auch um die achtsame Pflege Ihrer Liebesbeziehung, wenn Sie zusammen unbeschadet durch die Kinderwunschzeit kommen wollen. Welchen Charakter hatte Ihre Beziehung zu Beginn? Wenn man Ihrer beider Beziehung als eigenständiges Wesen betrachtet, als Dritten im Bunde, dann wird klar, was sie Ihnen gegeben hat, woran Sie sich gefreut haben und was Ihrer Beziehung heute vielleicht noch guttut.

❱❱ *»Anne und Dirk sind seit zwanzig Jahren ein Paar. Als ich sie frage, was und wie ihre Beziehung zur Zeit ihres Kennenlernens war, überlegen sie eine Weile. Es will ihnen nichts Rechtes einfallen, womit man sie hätte vergleichen können. Ich ermuntere sie.* »Womit ist Ihre Beziehung vergleichbar? Es könnte ein Lebewesen sein, ein Tier oder eine Märchenfigur, dieses Symbol für Ihre damalige Beziehung. Vielleicht auch ein Gegenstand. Wichtig ist nur, dass Sie beide sich auf eine Version einigen.« *Anne überlegt noch einmal und schlägt dann vor:* »Kein Gegenstand! Ein Lebewesen! Unsere Beziehung war lebendig. Ein eigensinniges Wesen – wie eine Katze.« *–* »Damit kann ich leben«, *ergänzt Dirk spontan.* »Unsere Beziehungs-Katze war auch schon immer etwas Besonderes. Sie lebte nicht an den Orten, wo die anderen waren, sondern eher für sich. Eine Einzelgängerin.« *Er überlegt.* »Sie konnte auch zaubern.« *Schon erhält die Katze in meiner Vorstellung Eigenschaften, die sie unverwechselbar machen. Anne lächelt.* »Die Katze hatte ein Einhorn auf der Stirn.« *Und sie setzt nach:* »Ein Regenbogen-Einhorn!« *Dirk lächelt zurück.* »Genau! Das passt. Und sprechen konnte sie.« *Schon ist der Charakter von Dirks und Annes Beziehung viel vorstellbarer geworden. Eine sagenhafte*

Beziehungsgestalt, eigenwillig, gesprächig und märchenhaft, anhänglich, aber eigensinnig. Und sehr kommunikativ. Dieses Tier kann man sich plastisch vorstellen. Was inzwischen aus der Einhornkatze geworden ist, können Anne und Dirk auch beschreiben. Abgemagert sei sie, krank und verwahrlost. **Niemand hätte ihr in den letzten Jahren die so wertvolle Kraftnahrung gegeben, die sie zum Leben brauche: Tief gehende Gespräche in Offenheit und wertschätzendem Austausch.** *Und durch die ständige Verwahrlosung sei sie auch ein bisschen böse geworden. Sie belauere die beiden und mache ihnen sogar manchmal Angst, sodass sie anfingen, ihr aus dem Weg zu gehen. Aus dieser Beschreibung wird klar: Die Katze muss erst einmal an den Tropf. Wir entwickeln einige Sofortmaßnahmen als Erste Hilfe. Dann soll eine Reha für das Beziehungs-Tierchen folgen. Die Metapher begleitet sie dabei. Denn in einem sind sie sich einig: Für die Einhorn-Katze wollen beide weiterhin sorgen.*

Vergessene Bären

Bei Sina und Frank war das Bild für die Beziehung der kleine Bär, der ihnen immer so viel Geborgenheit gegeben hatte. Heute, so stellen Sina und Frank fest, sei der alte Bär durch die Zeit der Kinderwunschbehandlung auf dem resignierten Rückzug. Er habe sich in seine Ecke getrollt und sich damit abgefunden, dass ihn keiner mehr brauche, sei phlegmatisch und apathisch geworden. Da sei ja nur noch Kinderwunsch. Für ihn sei kein Platz mehr vorhanden gewesen. Hier wird deutlich, was passiert, wenn der Kinderwunsch über längere Zeit zum Hauptthema wird. Fast wie bei einer chronischen Krankheit oder einem Trauerfall konzentriert sich die gesamte Aufmerksamkeit des Paares auf diese neue, kräftezehrende Komponente zwischen den Partnern. Und anders als beim Trauerfall, der meist nur einen der Partner trifft, sind beide buchstäblich in Mitleidenschaft gezogen. Mitleid füreinander und Selbstmitleid für die Ungerechtigkeit, der sich das Paar ausgesetzt sieht, betreffen beide. Wie sehen Sie beide Ihre Beziehung? Vielleicht wagen Sie das Experiment, sich Ihr Beziehungswesen einmal plastisch vor Augen zu holen. Was macht es aus, was tut ihm gut? Wie reagiert es auf das ständig präsente Baby-Thema und was könnten Sie tun, um dem Wesen einen Gefallen zu erweisen, damit es ihm besser geht und es Ihnen wieder mehr Freude macht?

Sina und Frank

»*Sina und Frank sind augenscheinlich Gewinner des Spiels. Als sie zu mir in die Beratung kommen, ist Sina im sechsten Monat schwanger. Nach langer Kinderwunschbehandlung erwarten sie nun ihr Wunschkind, die Schwangerschaft verläuft problemlos. Nach außen hin scheint alles perfekt zu sein. Dennoch haben Sina und Frank ein Geheimnis, das sie beide und die Schwangerschaft schwer belastet. Seit fast einem Jahr hat Frank eine Geliebte, eine wesentlich jüngere Freundin, die er während der Arbeit näher kennengelernt hat. Sina, die das erst vor einigen Wochen erfahren hat, ist der Verzweiflung nahe, Frank nicht minder. Ratlos stehen sie vor einem Scherbenhaufen von Beziehung und fragen sich, wie all das passieren konnte. Franks Beziehung zu seiner Freundin ist inzwischen so tief und fundiert, dass er nicht bereit ist, ohne Weiteres und dem Kind zuliebe zu Sina zurückzukehren. Sina hingegen ist voller Angst. Wie soll sie den weiteren Weg ohne Frank schaffen, wie soll sie ihrer Familie erklären, dass ihr Mann all die Strapazen der Kinderwunschbehandlung auf sich genommen hat, um dann pünktlich mit Eintritt der Schwangerschaft die Beziehung aufzukündigen? Frank wirkt wütend und verletzt, und Sina scheint ihm diese Gefühle nicht zuzubilligen. Sina ist ebenfalls wütend und verletzt, Frank schämt sich dafür, ihr das in ihrem Zustand anzutun. Als Beraterin frage ich mich: Woher rührt seine Wut und wie kann man gemeinsam die Situation so stabilisieren, dass Sina gut durch ihre Schwangerschaft kommt? Es stellt sich bereits beim ersten Gespräch heraus, dass die Probleme tief liegen und lange bestehen.*

Sina berichtet von den Qualen der Kinderwunschbehandlung, die sie auf sich genommen hat, weil sie davon ausgegangen war, dass Frank derjenige sei, der ohne Kinder nicht (mit ihr) leben wolle. Frank bestreitet das und gibt seinerseits an, er habe schon längst keinen Sinn in der kräftezehrenden Behandlung mehr sehen können. Er habe diese längst ab-

brechen wollen. Nun sei er Sina und der Kinderwunschtherapie so fremd geworden, dass er gar kein Gefühl der Vaterschaft zu dem Ungeborenen aufbauen könne. Tief sitzt die Scham über die Momente in der Kabine, wenn er wieder einmal seine Spermaprobe abgeben musste. Überhaupt komme er nicht damit zurecht, dass es die Qualität seines Spermas gewesen sei, die zu der langen Wartezeit auf ein Kind maßgeblich beigetragen habe. Niemand, so bricht es aus ihm heraus, habe sich in den letzten Jahren für ihn und seine Position interessiert, immer sei es nur um Sina gegangen, Mitleid und Anteilnahme, Verständnis und Trost habe immer nur sie bekommen. Und nun sei es immer noch so. Alles drehe sich nur um den Bauch. Welche Rolle er spiele, interessiere doch keinen. Die Sexualität mit Sina sei nie »der Hit« gewesen, aber er habe so lange damit leben können, wie sie überhaupt spontan stattgefunden habe. Seit er nur noch zu Fortpflanzungszwecken »hergenommen« worden sei, habe er keine Lust mehr verspürt. Dass er sich einer 15 Jahre jüngeren Frau habe anvertrauen müssen, um überhaupt einmal Gehör zu finden, sei bezeichnend. Ihm sei es am Anfang dieser Außenfreundschaft gar nicht um Liebe oder Sex gegangen, sondern um Akzeptanz und Verständnis, die er zu Hause niemals erhalten habe. Weder seine Frau noch die Familien hätten seine Position überhaupt wahrgenommen.

Sina kontert, er habe sich auch immer weiter zurückgezogen, spreche niemals über seine Gefühle. Intimität sei mit ihm nicht möglich, er kapsele sich ab. So habe sie angenommen, er sei mit dem gemeinsamen Kurs in Richtung Kind einverstanden gewesen. In puncto Sexualität sagt sie, dass sie inzwischen gar keine Ahnung mehr habe, wie es sich anfühlen könnte, Sex zu genießen. Sie habe das Gefühl, die beiden hätten sich in den vergangenen Jahren immer weiter voneinander entfernt.

In der Beratung versuchen wir gemeinsam, Ordnung und Struktur in diese verfahrene Situation zu bringen. Zunächst einmal lässt sich Frank darauf ein, die Außenbeziehung zu beenden bzw. zu unterbrechen, bis eine Lösung mit Sina gefunden ist. Weiterhin terminieren sie eine Zeitspanne, während der sie zu einer Entscheidung kommen wollen, damit beiden noch Zeit bleibt, verschiedene Dinge zu klären, bevor der Geburts-

termin näher rückt. Sina bittet sich dafür reichlich Zeit aus, weil sie nicht die gesamte Schwangerschaft in Stress und Aufruhr verbringen will. Eine Sprachregelung wird gefunden, die der inzwischen informierten Verwandtschaft eine plausible Erklärung für die derzeitige Situation gibt, die nicht zu einer Stigmatisierung von Frank als »notorischem Fremdgänger und Schuft« führt. Verständnis und Akzeptanz als Grundlagen des Zusammenlebens zwischen Sina und Frank sind verloren gegangen. Wann und wie haben die beiden begonnen, bestimmte Themen nicht mehr anzusprechen, und bei welchen Themen ist ihnen die Fähigkeit verloren gegangen, zuzuhören? Wann schaltet Frank auf »Durchzug« und wann hört Sina nur noch das, was sie hören will?

Weiterhin sollen die Themen Loyalität und Familie angesprochen werden. Welche Familienwerte treiben Sina und Frank an? Mit welchen Vorhaben, mit welchen Grundüberzeugungen sind sie als Paar angetreten? Welche Familienwerte begleiten die beiden? Welche höheren Ziele verfolgte die Partnerwahl?

Nicht alle Themen, die Sina und Frank mit in die Beratung gebracht haben, können an dieser Stelle thematisiert werden. Sexualität und die Einstellung zum eigenen Körper, verbunden mit der Fähigkeit, Intimität zuzulassen, ohne aus unterschiedlichen Gründen ängstlich abzuwehren, ist das einzige Thema, das in diesem Fallbeispiel exemplarisch genauer unter die Lupe genommen werden soll. Seit sich die beiden kennen, war Sexualität ein Thema voller Tabus und Fragezeichen. Immer schon war Frank der offenere Part, derjenige mit dem größeren sexuellen Verlangen. Der Partner aber, der das geringere sexuelle Verlangen hat, kontrolliert immer die Qualität und Häufigkeit von sexuellen Kontakten[1]. Frank nahm auf erotischer Ebene das an, was er von Sina bekommen konnte. Darüber hinaus machte er einige verzagte Anläufe zu Gesprächen und klagte mitunter über die Langeweile im Bett, ohne aber weitere Schritte zu gehen, Veränderungen zu initiieren oder zu fordern. Sina selbst hatte Sexualität in ihrer Herkunftsfamilie immer als etwas mit Tabus Behaf-

---

1 Vgl. D. Schnarch: »Intimität und Verlangen«. Klett-Cotta, Stuttgart, 2010.

tetes gesehen, von dem man nichts sehen, hören, mitbekommen durfte.
Außerhalb des ehelichen Bettes passierte nichts, darin selbst eher wenig.
Jahrelang spielte sie eher lustlos mit, wenn Frank ihr Avancen machte.
Ihre Koitusfrequenz beschreiben sie heute mit zehnmal pro Jahr. Sprechen
konnten die beiden nie über ihre sexuellen Bedürfnisse. Außerdem hatte
Sina zu Beginn der inzwischen dreizehnjährigen Ehe panische Angst vor
einer ungewollten Schwangerschaft. So verhüteten sie teilweise doppelt
und dreifach. Als dann der Kinderwunsch unerfüllt blieb, änderten sich
die Vorzeichen. Aus »bloß kein Baby« wurde »um jeden Preis ein Baby«.
Hier, berichtet Frank, sei er »innerlich ausgestiegen«. Er erzählt, dass er
sich oft wie ein Samenspender gefühlt habe, wenn Sina dann doch sexu-
elles Interesse an ihm zeigte. Zu den notwendigen Terminen hätten sie
dann miteinander geschlafen, was aber keinerlei Qualität besessen habe
und mit der Zeit zu einem entwürdigenden Ritual geworden sei.

Heute, besonders seit Franks Affäre offenkundig geworden sei, seien
sie beide zum ersten Mal in der Lage, offener über alles zu sprechen. Sina
berichtet, dass sie heute, seit sie schwanger sei, auch ein anderes Körper-
gefühl habe. Ihre sexuelle Lust sei gewachsen. Sie fragt explizit nach,
öffnet sich, schneidet von sich aus Themen an, die sie vorher vermieden
hätte. Sogar Details der Affäre will sie wissen, was Frank wundert und
peinlich berührt. Frank staunt darüber und ist am Anfang der Paar-
therapie noch skeptisch, ob Sina nicht nur aus Angst, ihr könnten »die
Felle davonschwimmen«, erotisch über ihren Schatten springt. Dennoch
liegt in dieser Krise eine große Chance. Sinas Mut, über Erotisches zu
sprechen, soll wachsen, damit sie in erster Linie sich selbst neue Möglich-
keiten eröffnet. Was Intimität für beide konkret heißt, wird ihnen klar,
als sie darüber sprechen, was sie von den Erwartungen denken, die sie
beim anderen sehen. In der Paartherapie spricht man von sogenann-
ten »Erwartungserwartungen«. Dieses Wortungetüm bezeichnet die
verbreitete Routine vieler Paare, anzunehmen, dass sie bereits wüssten,
was der andere von ihnen erwartet. Statt darüber zu sprechen, wie die
Bedürfnislagen eigentlich wirklich sind, reimen sich die Partner aus dem
Bild, das sie vom anderen haben, und den projizierten Eigenschaften und

Wünschen etwas zusammen, das nicht unbedingt der Realität entspricht. In Sinas und Franks Fall glaubte Sina, dass Frank von ihr sexuelle Praktiken und Fantasien wünsche, die er einmal geäußert hatte, und nun als imaginierten Wunschzettel mit sich herumtrage. Sie, Sina, sei für dessen Abarbeitung nun verantwortlich. Angesichts dieser angenommenen Wunschzettelmentalität blockierte sie körperlich und seelisch. Frank hingegen lebte in der festen Annahme, Sina erwarte von ihm schnelle und zügige Befriedigung dessen, was sie einmal als »männliche Natur« bezeichnet hatte. Also gab er ihr genau das: zügige, zielorientierte Sexualität, die nicht lange aufhält. Weder sie noch er hatten daran Freude. Die beiden staunen und beginnen vorsichtig, über Bedürfnisse und Erwartungen zu sprechen. Sie bemerken, dass die Krise sie wachgerüttelt hat und dass es da noch eine Menge Ressourcen gibt, die beide noch nicht einmal berührt haben. Bevor sie diese nicht in Ruhe angesehen haben, so beschließen sie, wollen sie sich noch nicht trennen. Frank muss sich schweren Herzens von seiner Freundin trennen und mit ihr klären, wie sie künftig ihren Umgang regeln wollen. Ob die Beziehung zwischen Frank und Sina nun für immer halten wird, vermag niemand zu sagen. Die gemeinsame Geschichte »Kinderwunsch und seine Folgen« hat sie aber in jedem Fall an ihre Grenzen und darüber hinaus geführt. Sie sind als Wuscheltern gewachsen, er-wachsen geworden. Dieser Prozess, eigenverantwortlich zu handeln und Bedürfnisse kommunizieren zu können, wird ihnen persönlich nutzen und nicht zuletzt ihrem Kind zugutekommen. Kinder brauchen erwachsene Eltern, die Konflikte miteinander aushandeln können, die eine Erwachsenenwelt haben und darin Erwachsenendinge tun. Wer bis in die Jahre der Kindererziehung hinein selbst Kind bleibt, hat es schwer, selbst Kinder zu erziehen. Die beiden haben gewonnen. Nach der Geburt der Tochter Charlotte kehren Sina und Frank zu mir in die Beratung zurück. Baby Charly schläft, während die Eltern reflektieren, wie es mit ihnen weitergegangen ist. Sie lassen sich sehr mutig darauf ein, über ihre Körperlichkeit zu reden. Die Stimmung ist entspannt, wir lachen viel, und die beiden wundern sich: »Es ist so einfach, darüber zu reden. Warum fiel es uns immer so schwer?«

Beziehungspflege in schwerer Zeit

Annes und Dirks Beziehungswesen, die Einhorn-Katze, brauchte Gespräche, Fragen und Offenheit, Sinas und Dirks Bär dagegen benötigte Pflege und Wärme, Sicherheit, Zuwendung und Streicheleinheiten.

Was braucht Ihr Wesen? Sich bewusst zu machen, in welcher Art von Beziehung man lebt, verhilft zu wertvollen Hinweisen, was diese spezielle Beziehung an Pflege und Fürsorge braucht. Denn was der einen Beziehung guttut, könnte eine andere unter Umständen eher kalt lassen. Sie können sich versprechen, gelegentlich nach Ihrer Beziehung zu sehen, damit sie lieb und anhänglich bleibt und nicht durch die dauernden Strapazen und Anstrengungen zu einem gefährlichen, bissigen und verschreckten Köter wird, der Ihnen mehr Stress antut, als Sie zu erfreuen. »Wie geht es unserer Beziehung heute?« sollte in das Standardrepertoire aller Partnerschaften eingehen – nicht nur derer mit Kinderwunsch.

15. Pausen machen

Man stelle sich vor, beim Endspiel der Fußball-WM würden die Mannschaften nach der ersten Halbzeit nicht in den Kabinen verschwinden, sondern auf dem Spielfeld bleiben und mit der Begründung »Wir haben keine Zeit, wir müssen gewinnen!« einfach weiterspielen. Undenkbar. Es ist in manchen Angelegenheiten offensichtlich unverzichtbar, Pausen zu machen, weil man sonst schlichtweg zusammenbricht. Ausreichend lange Pausen werden in unserem Leben ansonsten aber unterbewertet. In der Arbeitswelt beispielsweise gönnen wir sie uns viel zu selten. Und auch die Phase des Kinderwunsches hat viel mit der »Pausenlosigkeit« gemeinsam, die wir im Job manchmal verspüren. Pausen scheinen im Berufsleben zu stören und immer wieder zu unterbrechen, was ohne sie vermeintlich so viel schneller vonstattengehen könnte. »Nur noch eben mal schnell …« oder »… noch gerade fertig machen« sind die Sätze, die uns in eine Endlosschleife katapultieren, in der Arbeit niemals fertig wird und das Gefühl der Unzufriedenheit bleibt. Sie führt im schlimmsten Fall zu Unkonzentriertheit, Überlastung und Burnout. »Fertig werden« ist die Losung, und dennoch haben die meisten Arbeitnehmer den Eindruck, eben niemals fertig zu werden mit ihren Stapeln von Arbeit, den zu führenden Gesprächen, dem Erfüllen von Vorgaben. Gleichzeitig pumpen sie immer mehr Energie in das Finden passender Lösungen und das Erreichen eilig definierter Zielvorgaben. Der Prozess, zu einem passenden Ziel in angemessener Zeit zu gelangen, dauert scheinbar viel zu lang. So entstehen Ergebnisse, die »mit heißer Nadel genäht« wurden, Lösungen, die nicht durchdacht genug sind und sich deswegen nicht lange bewähren. Wie kommt das? Und was hat das mit der Phase unerwünschten Kinderwunsches zu tun? Einiges: Zielformulierung, Prozesssteuerung und Dynamik sind die Stichworte, die den Wunsch nach einem Kind oft zur Arbeit werden lassen.

Gutes Ziel, guter Weg, gutes Ergebnis

Wir überschätzen uns und die Fähigkeiten unseres Gehirns, lösungsfokussiert zu arbeiten. Zwar sind es in der Regel die Lösungen und nicht die Prozesse, die uns weiterbringen, aber in manchen Bereichen greifen Prozesse so weiträumig ein und gehen so tief in die Schichten unserer Denkgewohnheiten und Überzeugungen, dass wir sie nicht wesentlich beschleunigen können, so sehr wir auch daran zerren. Die Zielfokussiertheit, die fürs Arbeitsleben gilt, sehen wir im Privaten oft völlig anders. Der gesunde Menschenverstand erkennt, dass manche menschliche Prozesse einfach ihre Zeit brauchen. Wir akzeptieren, dass sich Dinge wie Kennenlernen, Eingewöhnen in neue Rollen, Streit, Versöhnung, Anpassung, Aufbau von Vertrauen und andere Entwicklungsthemen nicht willkürlich beschleunigen lassen. »Sich zusammenraufen«, »Abwarten«, »Zeit ins Land ziehen lassen« sind die Schlagworte für die Geduld mit Menschlichem. Hier heißt es dann: »Das kann man nicht erzwingen.« Gelassen werden Phasen abgewartet, manche sogar kurzfristig vergessen, um dann wieder aufgenommen zu werden. So etwas nennt man Pausen. Und genau dieser Weg ist oft der richtige, lässt er doch Luft und Raum für Phasen von dynamischem Vorankommen und statischem Abwarten im Wechsel. Anstrengung und Erholung ereignen sich zyklisch, das Ergebnis ist dadurch meist zufriedenstellend.

Zielorientierte Lösungssuche

Der Umgang mit dem Kinderwunsch ist allerdings meist geprägt von einer gewissen Hektik und gleicht der Betriebsamkeit, die wir vom Arbeitsplatz kennen. Die Interpunktion der Ereignisse folgt einer oft unentrinnbaren Dynamik, die betroffene Paare bereits nach kurzer Zeit den Überblick verlieren lässt. Pausenlosigkeit wird zum Programm. Die Intervalle zwischen Anstrengung und den kurzen Momenten der Entspannung wechseln schnell. Von Geduld im Prozess ist selten etwas zu spüren, das Ziel ist schnell definiert: Ein Kind ist das Ende des Weges! Hierauf wird hingearbeitet, diesem Ziel ordnet sich schnell alles andere unter. Eile scheint geboten, ein klar definiertes Ergebnis will erreicht werden. Ob dieses Ziel wirklich ein gutes ist, wird selten hinterfragt. Ebenso versäumen es Paare, sich einen Zielzustand vorzustellen, in dem sie wirklich zufrieden sind. Vielleicht könnte der so aussehen: »Wir wollen unser Leben mit Kindern teilen. Wir wollen Verantwortung tragen und Werte weitergeben. Am besten mit eigenen Kindern.« Ein solches Ziel lässt Spielraum und ist erfüllbar. Das Ziel »Wir müssen um jeden Preis und ganz schnell ein eigenes Kind haben« ist schwieriger zu erreichen. Auch die Wege zu diesen beiden Beispielzielen sehen unterschiedlich aus. Beim ersten Beispiel ist der Weg breiter, es gibt mehr Optionen, mehr Zeit. Dem zweiten Weg ist die Dynamik bereits implizit.

Wie Stolpern auf dem Mond

Geschwindigkeit und Fixiertheit aufs Ziel, dies noch auf unbekanntem Terrain, machen den Weg durch diese Zeit so unfallträchtig und belastend. Alle Themen sind neu, Erfahrungen, auf die man Hilfe suchend zurückgreifen könnte, gibt es in aller Regel nicht. Das Thema »unerfüllter Kinderwunsch« ist immer noch stark tabuisiert, sodass man sich nicht einfach bei Freunden oder Bekannten Rat holen könnte. Viele Paare sind auf sich allein gestellt, und das in einer Umgebung, auf die einen niemand vorbereitet, weil Kinderkriegen immer noch dem Dogma der »Natürlichkeit um jeden Preis« unterliegt. Das gesamte Themenfeld, ob aus psychologischer oder medizinischer Sicht betrachtet, ist neu, unangenehm, unwegsam und birgt viele Stolpersteine. Besonnenheit wäre hilfreich, das Tempo herauszunehmen würde Kräfte schonen. Dennoch hetzen und eilen viele Paare getrieben durch diese neue Welt. Das Ziel ist zu erreichen, die Zeit drängt. Menschen haben wenig Intuition. Sie steuern über den Kopf, und der Kopf will Informationen, weil er meint, nur diese wirklich zu guten Entscheidungen nutzen zu können. Am besten sollen möglichst schnell möglichst viele Informationen und Entscheidungen her.

Paare mit Kinderwunsch lernen schnell und handeln schnell. In Windeseile sind die meisten Paare in der Kinderwunschzeit Expertinnen und Kenner auf dem Gebiet, wissen um Termine und Adressen, Möglichkeiten und manchmal auch um Risiken. Die Fähigkeit, die medizinischen Einzelheiten so schnell und wirksam abzuspeichern, beziehen die betroffenen Wunsch-Eltern aus der starken emotionalen Aufladung des Themas. Wenn es wirklich wichtig ist, lernen wir blitzschnell. Wer gefühlsmäßig stark involviert ist, lernt noch schneller. Das kann jeder bestätigen, der sich einmal im Urlaub in eine Person aus einem anderen Land verliebt hat. Wie von selbst fliegt den meisten dann die fremde Sprache zu. Wer verliebt ist, lernt Vokabeln schneller. Und wer ein Kind will, hat ein so großes emotionales Interesse daran, dass er oder sie alles aufsaugt, was dafür wichtig sein könnte. Wissen verspricht Erfolg, eine Lösung, einen Weg. Leider gilt das nicht für jedes Projekt und selten für solche, die durch unbekanntes Terrain führen. Leider führt viel vermeintliches Wissen Paare auf Irrwege, und nicht alle Informationen sind wirklich etwas wert. Der Prozess ist unübersichtlich und unklar, es fällt schwer, das Wichtige vom Unnützen zu trennen und sinnvoll zu filtern. Tausende Internetseiten versprechen Rat und Hilfe, Stunden werden für Recherche verwendet. Nur ein Bruchteil des Hilfsangebots taugt etwas. Freunde, Bekannte, Eltern und Ärzte geben unentwegt Input, wenn man sie lässt. Man könnte 25 Stunden am Tag mit dem Thema beschäftigt sein, und es wäre nie ein Ende des Informationsflusses in Sicht. Allein: Es fehlt die Zeit, die Informationen zu sammeln und auszuwerten sowie sie ins eigene Denksystem sinnvoll einzupflegen. Pausen wären gut. Zeit zum Innehalten und sortieren; Zeit, um das Ziel noch einmal zu überprüfen. Doch jeden Tag geschieht etwas Neues. Fakten werden geschaffen oder schaffen sich selbst, die Biologie spielt ihr eigenes Spiel, irrational und willkürlich, was den Weg durch diese Phase noch einmal komplizierter macht.

Hormoncocktail der Emotionen

Gleichzeitig darf man sich nicht der Illusion hingeben, dass der schnelle Wandel der Gefühle, die Berg-und-Tal-Fahrt der Emotionen, so schnell an den Beteiligten vorbeigeht, wie die Neuigkeiten eintreffen, die sich in der Kinderwunschzeit abwechseln. Trauer, Angst, Hoffnung und Enttäuschung, Schmerz und Freude lösen im Gehirn jedes Mal eine Kaskade von unterschiedlichen Hormonausschüttungen aus. Sobald etwas Neues passiert, wird im Archiv des Bewusstseins der letzte Zustand hintenan gesetzt. Doch damit ist er nicht verschwunden. Unser Gehirn ist im Verarbeiten oft langsamer, als das Handeln vermuten lässt. Gefühle sind eben auch ein physiologischer Vorgang. Die dauernde Ausschüttung von Stresshormonen macht uns nervös, anfällig und schlussendlich krank. Unser Körper ist mit Stressbewältigung beschäftigt. Stress wirkt sich auch auf der Zellebene aus, dieses stört physiologische Vorgänge. Empfängnis ist ein physiologischer Vorgang, der mit Hormonen zu tun hat. Dass die dauernde Anspannung, unter der viele Paare in der Zeit des Kinderwunsches leiden, gewünschte physiologische Vorgänge bremsen oder verhindern kann, wissen die Betroffenen. Sie ärgern sich darüber, dass sie Stress haben. Und ein Teufelskreis beginnt. Stress ist Versagensangst. Versagen macht Stress.

Kurze Hormonkunde

Adrenalin ist das Hormon der Angst. Das macht es nicht zu einem schlechten Hormon. Das Gehirn braucht verschiedene Hormone, um in schwierigen Zeiten wachsam und aufmerksam zu bleiben. Adrenalin beispielsweise funktioniert Hand in Hand mit dem verwandten Neurotransmitter Noradrenalin, der für die Übertragung von Informationen zwischen Synapsen, den Kommunikationszellen im Gehirn, zuständig ist. Die übermäßige Ausschüttung von Adrenalin schädigt den Organismus auf die Dauer, so unverzichtbar es auch ist, um im Menschen »Fight-or-flight«-Mechanismen in Gang zu halten und ihn vor Gefahren zu beschützen. Man bemerkt die dauerhaft verstärkte Aktivität des

Noradrenalins beispielsweise an hohem Blutdruck oder der Anfälligkeit für Infektionen.

Der Gegenspieler des Adrenalin ist das Serotonin. Es gilt als das »Wohlfühlhormon«, macht ausgeglichen und zufrieden. Man kann es nicht von außen zuführen, sondern nur dafür sorgen, sich durch einen entsprechenden Lebenswandel in Balance zu halten. Ernährung, seelische Sorgfalt und Bewegung begünstigen einen gesunden Serotoninhaushalt. Ein weiteres wichtiges Hormon ist das »Push-Hormon« Dopamin. Es vermittelt Freude, Euphorie, Begeisterung, Belohnung und Hochgefühl. Ohne Dopamin lernen und regenerieren wir schlecht, uns fehlen die Erfolgserlebnisse. So viele Hormone, so viele Abläufe, die wir nicht einmal ansatzweise steuern können. Es wird klar: Wir haben unsere Gefühle nicht unter Kontrolle, sondern sie uns. Die Achterbahn der Kinderwunschphase setzt sich nach den notwendigen Handlungen im neuronalen Lernen fort, wo wir die Amplituden nicht kontrollieren und lenken können. Wir müssen unserem Gehirn helfen, die schwierigen Erfahrungen zu verarbeiten. Sonst beginnt der Stress ein Eigenleben zu führen. Tapferkeit und Durchhaltevermögen sind ehrenwerte Tugenden, vor Schädigung und Erlahmung schützen sie dennoch nicht. Pausen schon.

Dein Stress, mein Stress

Das Wissen um die physiologischen Abläufe im Gehirn ist beim Umgang mit schnell wechselnden Emotionen für Paare wichtig. Zu bald nämlich werden medizinische Details, eigene Betroffenheit, unauflösbare Ängste oder Frustration zum Dauerthema. Das Gehirn hat irgendwann keine Chance mehr, sich zu erholen und die ausgeschütteten Hormone zum Lernen zu nutzen oder abzubauen. Dauerstress ist oft die Folge. Dieser führt vielfach zu einem gesteigerten Gesprächsbedarf. Und schon stecken Paare in einer Endlosschleife. Auf jedem Spaziergang, in jedem WhatsApp-Chat, bei jedem Telefonat und bei jedem Abendessen kommt der gleiche Diskurs in unterschiedlichen Varianten auf den Tisch. Irgendwann, so scheint es, gibt es gar kein anderes

Thema mehr. Alles dreht sich um den Kinderwunsch. Psychologen nennen dieses Phänomen Problemtrance. Es bezeichnet den Zustand, in dem Menschen aus ihrer Fokussierung auf ein Problem nicht mehr herauskommen. Sie kreisen um ein scheinbar unlösbares Thema und finden keinen Lösungsansatz mehr. Sie verkrampfen und verstellen sich damit den Weg, nach konstruktiven Aus- oder Umwegen zu suchen. Die Problemtrance lässt sie verzweifeln und an keine gute Lösung mehr glauben. Es ist also sehr wichtig, sich Momente zu gönnen, in denen der Körper die Gelegenheit erhält, zumindest äußerlich zur Ruhe zu kommen.

Versuchen Sie, das Thema Kinderwunsch mit der gleichen Disziplin für Momente loszulassen, wie Sie es in anderen Momenten festhalten. »Themafreie Zonen« helfen dabei (»Nie nach 21.00 Uhr«, »nicht im Bett«, »nicht auf Autofahrten« ...). Umgekehrt haben sich auch Varianten bewährt, in denen Paare sich zur Besprechung ihrer besonderen Themen verabredet haben. »Abends nach dem Abendessen haben wir eine Stunde Zeit, um Wichtiges zu besprechen. Danach gehen wir auseinander und haben wieder Zeit für anderes.« Meditation hilft, autogenes Training ebenfalls. Eine Weile gar nicht zu reden oder nicht »darüber« zu reden, sondern die Wogen einmal zur Ruhe kommen zu lassen, die Informationen sich setzen zu lassen, bringt unersetzliche, wertvolle Zeit ins Leben der stressgebeutelten Paare.

Als Erste Hilfe hat sich die »Drei-Dinge-Regel« bewährt. Paare sammeln über den Tag drei schöne Dinge, die ihnen jeweils widerfahren sind. Etwas, das sie gesehen, beobachtet, erlebt haben. Diese Beobachtungen sollten im Fall der Kinderwunschbehandlung eben nichts damit zu tun haben. Zu einem vereinbarten Zeitpunkt (beispielsweise nach dem Abendessen) nehmen sich die beiden eine Viertelstunde, um sich ihre drei Erlebnisse zu erzählen. Nachfragen sind erwünscht, und wenn aus der Viertelstunde eine Dreiviertelstunde wird, hat das Serotonin eine reelle Chance, zum Zuge zu kommen und wieder Zufriedenheitsgefühle anzustoßen. Der Fokus geht weg vom Problem, der Blick wird kurz abgelenkt.

Trampelpfade verlassen

Ein guter Tipp meiner Oma war: »Wenn du etwas verlegt hast, dann hör mal einen Moment mit dem Suchen auf. Schau mal drei Minuten lang in eine völlig unsinnige Richtung, in der das Gesuchte mit Sicherheit nicht ist.« Dieser empfehlenswerte Trick funktioniert bestens. Man trickst das Gehirn aus. Es will immer wieder da suchen, wo man gewohnt ist, zu finden. Es stört sich zwar für den Moment an der Unterbrechung, arbeitet danach aber besser. Unser Denken verhakt sich nämlich gern. Es geht immer wieder den gleichen Weg, immer wieder erfolglos und immer wieder frustrierend. »Mehr desselben« hilft nicht. Also kann man ebenso gut kehrtmachen und einen völlig anderen Weg einschlagen, der möglichst wenig mit dem Trampelpfad zu tun hat, auf dem man sonst zur Lösung kommt. In einer Frustrationsphase beim Kinderwunsch getreu der Oma etwas völlig Sinnloses zu tun, hilft gegen Hirnkrampf. Motorradführerschein? Eine Reise nach Island? Ein Volksfest besuchen, auf dem man niemanden kennt, und siebenmal hintereinander Achterbahn fahren? Mit dem Modellbau anfangen? Eine Zeitschrift lesen, die man noch nie in die Hand genommen hat? Einmal mit dem Zug in eine Richtung fahren und in der Stadt mit dem schönsten Bahnhof aussteigen? Es gibt so viel Sinnloses zu tun. Probieren Sie es aus. Davon werden Sie nicht schwanger. Aber Ihr Gehirn freut sich. Es ist Ihr wichtigstes Werkzeug und Ihre bedeutendste Ressource. Gehen Sie liebevoll mit ihm um.

16. Abschließen: Wo ist der »Plan B«?

Wenn alles ausgereizt ist

Was, wenn gar nichts geht? Was, wenn Körper und Seele nach dem Kinderwunschmarathon kaputt und ausgebrannt sind? Wenn Fehlgeburten, missglückte Versuche, Spritzen und dauernde Fahrten zu allen möglichen Ärzten in jahrelangen Strapazen die Partner so belastet haben, dass sie kaum noch ein geregeltes Leben führen können? Wenn der Kinderwunsch zum Selbstläufer geworden ist, dem sich ein befriedigender Alltag und eine gewisse Lebensqualität inzwischen kampflos ergeben haben? Wenn es nur noch illegale, riskante, unerschwingliche, unmoralische oder vorher undenkbare Möglichkeiten gibt, doch noch ein Kind zu bekommen? Wenn man sich dabei ertappt, wie man der ungebildeten, groben Nachbarin deren Kind am liebsten unter der Nase weg entführte, kurz: Wenn alles ausgereizt, alles probiert und alles gescheitert scheint?

Kapitel im Buch des Lebens

Dann geht etwas zu Ende. Es heißt unter Umständen Abschied nehmen von einer Idee, die man viele Jahre lang leidenschaftlich verfolgt hat. Auch hier wollen Freunde und Verwandte wieder nassforsch ermutigen: »Mensch, ist doch toll, dann habt ihr wieder Zeit für euch. Macht 'nen Haken dran und fangt ein neues Leben an.« Das klingt wie Hohn. Einen Haken dranmachen. Nicht einmal an einen verstorbenen Menschen kann man einen »Haken machen«. Wie soll das mit einem Lebenswunsch gehen?

Es ist nicht so einfach, ein solch intensives Kapitel zu schließen. In manchen Momenten scheint es sogar fast unmöglich zu sein. Das Buch will sich nicht ohne Weiteres zuklappen lassen, denn für die betroffenen Eltern der ungeborenen, unreif oder tot geborenen Babys bedeutet der Abschied vom Kinderwunsch auch der Abschied von diesen Kindern. Manche Paare haben es tatsächlich geschafft, eine Schwangerschaft herzustellen, und das Kind schließlich doch verloren, manche mehrfach. Kann man hier einfach ein Kapitel beenden, die Kinder vergessen und weitergehen? Andere haben bei I V F oder ICSI bei jedem Durchgang eine Menge Embryonen vernichtet, die vielleicht lebensfähig gewesen wären. Wohin mit dem schlechten Gewissen? Alle haben an die Idee vom Kind geglaubt. Ist eine Idee da, dann ist da nicht mehr einfach nur *nichts*, sagt die Philosophie. Auch eine Idee lebt, hat Eigenschaften und eine Seele. Sie ist Teil des Paares geworden, dieses nie geborene Kind begleitet seinen Vater, seine Mutter ein Leben lang. Wohin soll dieses vorgestellte Kind nun, das nie leben durfte, wenn die Versuche, es in die Welt zu bringen, aufgegeben werden? Man kann an solche bedeutsamen Ereignisse nicht einfach einen Haken machen. Und selbst wenn am Ende tatsächlich ein Kind mit nach Hause gekommen ist, hat dieses Kind vielleicht doch ein paar Geschwister im Geiste, die auch gerne auf der Welt wären.

Wenn Paare ungewollt kinderlos geblieben sind, stellen sich manche ernste Sinnfragen: nach ihrer Partnerschaft, nach Freundschaften, ihrer eigenen Existenz und ihrem gesellschaftlichen Wert, der ihnen so viel geringer vorkommt als der anderer Menschen – mit Kindern.

Verloren gegangene Schätze

Der viel beschworene Plan B erstreckt sich neben dem Abschied vom Kind auch auf die Perspektiven für die Partnerschaft. Was wird an die Stelle treten, die vorher der Kinderwunsch eingenommen hat? Wie will das Paar miteinander weiterleben? Manche schaffen dieses gemeinsame Weiterleben nicht, weil die Kinderwunschthematik einen solchen Stellenwert in der Partnerschaft eingenommen hat, dass ohne sie die Beziehung einfach auseinanderfällt. Der Kleber, die gemeinsame Aufgabe, fehlt. Doch die meisten besinnen sich auf das, was galt, bevor der Kinderwunsch in ihr Leben trat, und bauen darauf auf. Als Mut machendes Beispiel mag dieser Ausspruch einer Klientin dienen, die sich den Satz »Das ist der Mann, mit dem ich *keine* Kinder mehr möchte!« als Ermutigung auf die Fahnen schrieb. Es geht um den Mann. Um die Liebe zu ihm. Diese Liebe war der Grund, der Anlass, der Boden für alle Bemühungen. Ihr Satz beschreibt sehr deutlich, was es ausmacht, neu zu beginnen. Ein neues Bekenntnis zu der alten Liebe muss her, wenn das Paar gemeinsam noch einen langen Weg gehen will. Dabei muss das Verlorene benannt und integriert werden, es muss einen Platz bekommen, an dem es ruhen kann.

Abschied und Trauer

Bevor etwas Neues beginnen kann, braucht es also im Alten eine Phase des Abschieds und der Trauer. Diese Trauer ist schwierig und dauerhaft und im besten Fall so angelegt, dass sie mit einer gewissen Akzeptanz ins Leben des Paares integriert wird. Die Partner müssen sich in den meisten Fällen darauf einrichten, dass die Sehnsucht nach dem Kind, das da hätte sein sollen, bleiben wird, auch wenn sie beide vielleicht auseinandergehen, auch wenn vielleicht Jahrzehnte vergangen sind. Die Sehnsucht wird ein Leben lang bleiben, und Paare mit Kinderwunsch werden sie immer bei sich tragen. Das kann bedeuten, dass man noch Jahre später in bestimmten Momenten urplötzlich von einer Traurigkeit ergriffen wird, die sich andere Menschen nicht erklären können. Sich diese Traurigkeit einzuräumen, ist der einzige Weg, den vermissten und herbeigesehnten Kindern einen Platz zu gewähren, damit sie einem den Seelenfrieden lassen. Das Nichtbekommen von Kindern verändert das Leben eines Paares ebenso nachhaltig wie eine Geburt. Eine Geburt wird gefeiert, ein Tod betrauert.

Es macht also Sinn, den Übergang in die Phase des »Plan B« feierlich zu begehen. Dies kann in einer Art Zeremonie geschehen, in dem die Partner sich rituell von den Kindern verabschieden, die sie so gern gehabt hätten. Manche lassen für jedes verlorene Kind (und manche auch für jeden weggeworfenen Embryo) ein Papierschiffchen aufs Meer fahren. Andere pflanzen Blumen für sie, die sie jedes Jahr wieder an sie erinnern, und wieder

andere veranstalten ein regelrechtes oder symbolisches Begräbnis für ihren Traum. Welche Art von Trauerritual für das jeweilige Paar gut und passend ist, können die beiden idealerweise selbst ermitteln. Wichtig ist, dass die Idee vom Kind einen Platz, einen festen Ort zwischen den Partnern findet. Auf diese Weise können beide auf sie zugreifen, sich darüber austauschen und mit der Zeit einen Weg finden, mit dem Verlust ihres Lebenstraums weiter zu leben.

Das geht weder schnell noch einfach. Wie lange haben Sie gebraucht, um einen konkreten, echten Kinderwunsch zu entwickeln? Drei Jahre? Wie lange dauerte Ihre Kinderwunschphase? Fünf Jahre? Das sind insgesamt acht Jahre, in denen die Idee eines Kindes in Ihnen wuchs. Geben Sie sich hier also mindestens ein Jahr Zeit, um aktiv zu trauern.

Unbewältigte Trauer in Partnerschaften

Wenn man weiß, dass in einer Trauer auch immer Wut und Aggression gegen ein feindselig wahrgenommenes Schicksal mitschwingen, kann man sich vorstellen, dass es mit stillen Ritualen allein nicht immer getan ist. Das Gefühl von Ungerechtigkeit, Willkür und Verlust kann sich in manchen Beziehungen an eine Stelle bei einem der Partner setzen, an der es Schaden anrichtet. In Peters und Fraukes Fall (siehe folgendes Fallbeispiel) verwandelten sich die Trauer und der Kinderwunsch in körperliche Beschwerden und Depressionen. Sollten ungeklärte körperliche Leiden auftreten oder eine gewisse Schwermut von einem der Partner Besitz ergreifen, lohnt es sich, dem behandelnden Arzt von der Kinderwunschthematik zu berichten. Es ist keine Schande, sich Unterstützung zu holen, sondern ein Zeichen von Verantwortung gegenüber sich selbst und der Umwelt.

Und konkret? »Plan B«?

Viele Paare vermeiden eine frühzeitige Erstellung eines sogenannten Plans B, weil sie ein bisschen abergläubisch sind. Sie vermuten vielleicht, dass das Glück sie nicht sieht, wenn sie mit etwas anderem als mit dem Kinderwunsch beschäftigt sind. Das ist nicht zu belächeln. Wenn man darüber nachdenkt, wie viele Menschen darauf verzichten, ein Testament zu schreiben, weil sie befürchten, damit den Tod herauszufordern, erscheint die Angst vor den Folgen eines »Plans B« während der Kinderwunschbehandlung relativ harmlos. Dennoch ist solch ein Alternativplan natürlich begrüßenswert. Ähnlich wie ein Testament regelt er Abläufe, Zeitrahmen und Zuordnungen. Er verschafft Sicherheit. Er dokumentiert Absprachen und verhilft zu Transparenz. Ähnlich wie bei Peter und Frauke aus dem Fallbeispiel könnte ein »Plan B« aussehen. Er würde festlegen, welche Maßnahmen man noch bis zu welchem Zeitpunkt ergreifen will, wann man aufhört und wann ein Ende der Behandlungen vorgesehen ist. So entgeht man der Gefahr, in die Eigendynamik der Machbarkeitsideologie der Kinderwunschmedizin hineinzugeraten oder sich über die Maßen mit aufwendigen Therapien zu verschulden.

Grenzen helfen den Partnern dabei, ihre eigenen Interessen im Blick zu behalten. Optimal wäre es, sich als Paar mit Beginn einer Kinderwunschbehandlung zusammenzusetzen und den Ablauf abzustecken. So weiß man zwar noch nicht im Detail, was auf einen zukommt, aber wann man mit Fug und Recht auf einem »Stopp« bestehen kann.

Peter und Frauke: »Und das Ganze jetzt noch mal?«

❱❱*Peter kommt zu mir in die Beratung, zunächst allein. Der Mittvierziger wirkt nervös und gehetzt. Für den Termin hat er sich extra den Nachmittag freigenommen. Und natürlich soll niemand wissen, wo er ist. Er blickt häufig auf die Uhr und aus dem Fenster. Man merkt ihm an, was ihm der Schritt, sich Beratung zu suchen, bedeutet. Peter berichtet von seiner Angst, seine acht Jahre jüngere Partnerin Frauke zu verlieren. Sie habe ihm nun schon mehrfach gedroht, ihn zu verlassen, wenn er einige seiner Gewohnheiten nicht ändere. Mehrfach habe er sie bereits brüskiert, nun setze sie ihm die Pistole auf die Brust und wolle ein folgenschweres Bekenntnis zu ihr und der Beziehung. Mir scheinen die Probleme, die Peter vorbringt, zunächst einmal einigermaßen lösbar zu sein, und ich wundere mich, dass sie solche Auswirkungen auf die Beziehung der beiden zu haben scheinen. Also lasse ich ihn erzählen, wie die beiden leben, wer zur Familie gehört, welche Rolle Wohnort und Elternhaus spielen, wie die beiden beruflich eingespannt sind. Während er als selbständiger Steuerberater nach vielen Jahren Berufserfahrung einen festen Kundenstamm betreut, hat seine Frau ihre Ausbildung zur Hotelfachfrau nur für einen begrenzten Zeitraum und nur phasenweise in Vollzeit genutzt. Nach ihrer Ausbildung und vier Jahren Berufstätigkeit an der Rezeption eines Familienhotels haben Frauke und Peter geheiratet, weil sie Kinder wollten. Die weiteren Karriereschritte ist Frauke in ihrem gelernten Beruf nicht gegangen. Als ihr der Arbeitgeber eine vorübergehende Beschäftigung in einer anderen Stadt anbietet, lehnt sie ab. Die beiden haben andere Pläne.*

Dass diese Pläne nicht aufgehen würden, können sie zu diesem Zeitpunkt nicht ahnen. Aber sie merken bald: Das Wunschkind lässt auf sich warten. Ein paar Jahre lang versuchen die beiden es auf natürliche Weise, aber nichts geschieht. Während dieser Zeit arbeitet sie schon halbtags, weil sie quasi täglich mit der Nachricht rechnet, tatsächlich ein Kind zu erwarten. Als Frauke dann mit dem 30. Geburtstag, den sie sich als Grenze des Wartens und Probierens gesetzt hat, immer noch nicht schwanger ist, gehen die beiden tatsächlich zum Arzt. Einige Untersuchungen später erfolgt die ernüchternde Diagnose: Peters Spermiogramm zeigt eine nur geringe Zahl und recht träge Aktivität der Spermien. Die Ärzte signalisieren bestenfalls schwache Hoffnung. Die beiden wollen es trotzdem wagen und beginnen eine Kinderwunschbehandlung. Peter kennt die Sehnsucht seiner Frau nach einem Kind und verspricht ihr mitzuziehen. Trotz mehrerer Versuche hormoneller Stimulation auf Fraukes Seite und mehrerer IVF-Durchgänge will keine Schwangerschaft eintreten. Die Spermien sind relativ unbeweglich und insgesamt einfach zu wenig. Wohl hunderte Male bekniet Peter seine Frau in dieser Zeit, auf ihren Kinderwunsch zu verzichten. Er will einfach nur seine Ruhe haben, ein gutes Leben führen und seine große Liebe an der Seite wissen.

Die Demütigung, die er jedes Mal erfährt, wenn die Ärzte wieder re-
signiert feststellen, dass sein »Material« nicht die gewünschte Qualität
aufweist, kann er kaum ertragen. Mit anzusehen, wie Frauke leidet, wie
sie Schmerzen und Stimmungsschwankungen tapfer weglächelt, wie sie
zunimmt und abnimmt, sich die Hormone spritzt und immer wieder
unter Qualen zum Frauenarzt fährt, um Monat für Monat wieder nach-
gewiesen zu bekommen, dass es leider wieder nichts geworden ist, macht
ihm schwer zu schaffen. Zu dieser Zeit beginnt er, manchmal zu viel
zu trinken. Er braucht, wie er sagt, gelegentliche Momente, in denen er
alles vergessen und wieder einmal er selbst, Peter, sein kann. Am liebsten
würde er alles hinwerfen. Aber Frauke klammert sich an die Hoffnung,
es könne mit einer ICSI doch noch klappen. Und sie behält recht. Nach
drei Jahren ist es so weit. Frauke ist endlich schwanger. Johanna wird
gesund geboren, Frauke und Peter sind überglücklich, die Strapazen der
Kinderwunschbehandlung scheinen bald vergessen. Nach drei Jahren zu
Hause merkt Peter, dass Frauke unruhig und unzufrieden wird. Er meint
zu erkennen, dass sie mit Johannas Betreuung nicht mehr ausgelastet
ist, seit diese den Kindergarten besucht. Peter möchte, dass Frauke wie-
der einen Ort findet, an dem sie ihre Fähigkeiten auf anderen Gebieten
ausleben kann. Er ermutigt sie, wieder arbeiten zu gehen. Seine Eltern
erklären sich bereit, auf Johanna aufzupassen. Doch Frauke zögert. Sie
argumentiert, dass die Stellen, die ihr angeboten würden, inzwischen so
weit von ihrem Ausbildungsberuf entfernt seien, dass es sich finanziell
kaum rentiere, dort anzufangen. Sämtliches Einkommen würde durch
Anfahrt und Betreuung aufgefressen. Lieber suche sie sich Projekte an
Schulen und in Kindergärten, halbehrenamtlich. Da sei sie flexibler und
weniger verpflichtet. Dennoch verausgabt Frauke sich in den Projekten
bis zur Erschöpfung, springt dauernd für andere ein, nimmt sich die
Schicksale der Kinder zu Herzen.

Nach wenigen Monaten merkt sie, dass ihre Energie nicht reicht. Sie
gibt auf und schwebt lange Zeit wieder zwischen Haushalt und Hun-
derten von Stellenanzeigen, auf die sie dann doch nicht reagiert. Peter
will ihr helfen, schreibt mit ihr zusammen die Bewerbungen, coacht und

unterstützt. Doch kaum, dass die Bemühungen Erfolg zeigen und die ersten Einladungen erfolgen, bekommt Frauke starke Rückenprobleme. Peter ist ratlos. Er fährt sie von Arzt zu Arzt, aber niemand findet eine Ursache. Ihre Unzufriedenheit ist ansteckend, die Partnerschaft in Gefahr. Immer häufiger sucht Peter erfolglos Trost im Ausgehen, im Alkohol und in ausgedehnten Feiern im Bekanntenkreis. Die beiden reden, schlafen und lachen nicht mehr zusammen. Die Betreuung der Tochter fällt inzwischen allein in Fraukes Arbeitsbereich, Peter ist viel unterwegs. Zu Hause ist es deprimierend. Peter empfindet Frauke als nörglerisch, auch im Umgang mit Johanna macht er ihr nichts recht. Da fällt eines Abends in einem Streitgespräch aus Fraukes Mund der entscheidende Satz. »Ich will nämlich außerdem noch ein Kind!« Peter fällt aus allen Wolken. Die Vorstellung, das ganze Martyrium noch einmal zu erleben, kann er kaum ertragen. Noch einmal durch die Kliniken ziehen, noch einmal die ganzen Schmerzen mit ansehen, noch einmal unendliche Stunden wartend und bangend verbringen, das übersteigt seine Vorstellungskraft. »Aber warum willst du denn noch ein Kind? Wir haben doch Johanna! Reicht dir das eine Kind nicht? Muss es noch eins sein? Ist das nicht ein bisschen egoistisch?«, entfährt es Peter. Dieser Satz verletzt Frauke zutiefst. »Hättest du das vor Johanna auch gesagt, wäre sie jetzt nicht auf der Welt – und wir nicht mehr zusammen!«, schleudert sie ihm entgegen. So, denkt er sich, ist das also. Er, Peter, ist nichts als ein solventer Reproduktionsgewährleister. Frauke hat sich einen gut situierten, aber leider ziemlich unfruchtbaren Mann gesucht. Und nun ärgert sie sich darüber, dass er nicht mehr leisten kann. Seine Wut ist riesig. Doch er drückt diese Gedanken beiseite. Peter möchte natürlich den Wunsch seiner Frau erfüllen. Er will sie glücklich sehen, und er will sie vor allem nicht verlieren. Andererseits weiß er, dass Frauke inzwischen sechsunddreißig Jahre alt ist, er vierundvierzig. Dass es noch einmal mit so viel Glück klappt, ist eher unwahrscheinlich. Er fühlt sich verantwortlich. Er fühlt sich erpresst. Und er fühlt sich kraftlos. Entweder, so denkt er, spielt er mit und tut sich das Leid der Kinderwunschbehandlung noch einmal an, oder Frauke entzieht ihm peu à peu alles, was ihm viel bedeutet. Ihre Liebe, das Kind, das gemeinsame Leben. Für Frauke sieht die Sache anders aus. Als sie das Angebot wahrnimmt, mich allein aufzusuchen, legt sie ganz offen dar, was sie antreibt. Schon immer hätte sie zwei Kinder gewollt. Und das habe Peter auch gewusst, anscheinend aber verdrängt. Nur noch jetzt, in diesen Monaten, habe sie eine letzte Chance, die Kinderwunsch- behandlung zu versuchen, bevor sich ihr persönliches Zeitfenster für im- mer schließe. Denn auch für den Fall einer angestrebten Adoption sei es inzwischen fast zu spät. Jahrelang hätten sie das Thema vermieden. Peters Alkoholeskapaden hätten nicht dazu beigetragen, im Dialog zu bleiben, sonst hätte sie sich schon viel früher gemeldet. Er habe nur auf ihren beruflichen Werdegang geschaut, aber versäumt zu sehen, was sie als Mensch brauche und ausmache. Warum solle sie einen mies bezahl- ten Job annehmen, um einfach irgendetwas zu tun, wenn es doch etwas gebe, das ihr Herzenswunsch sei? Und wo sie doch den Löwenanteil an der ICSI-Behandlung mit sich selbst zu verantworten habe, könne er da nicht diese paar lausigen Spermaproben abgeben?

Dass sie sich beim Erzählen so in Rage redet, fällt ihr selbst auf. An- scheinend geht es hier um mehr als um Reproduktion. Die beiden haben ihre Lebensentwürfe nicht miteinander abgestimmt und sich im Alltag verloren. Frauke fühlt sich ihres Traums von Familie beraubt, Peter ver- misst seinen Traum einer Partnerschaft in einer Doppelverdienerbezie- hung auf beruflicher Augenhöhe. Einen »Plan B« zu schmieden haben die beiden ebenso versäumt wie das Sprechen über Bedürfnisse und Emo- tionen. Im Alltag zwischen Kinderwunschbehandlung, dem Warten aufs Kind, der Kinderpflege und anderer Verpflichtungen war es für die bei- den möglich und verlockend, den anstehenden wichtigen Auseinander- setzungen auszuweichen. Erst Krankheit, Suchtgefahr und größter emo- tionaler Stress waren Signal genug für beide, innezuhalten und über ihre Schmerzen, Ängste und Wünsche zu sprechen. Nun haben sie die schwie- rige Aufgabe vor sich, das Planen nachzuholen. In der Beratung führe ich die beiden zurück in die Anfangsphase ihrer Liebe, in der sie von einer gemeinsamen Zukunft träumten. Jeder steuerte seinerzeit seine Version bei, sparte aber beim Träumen die Elemente aus, mit denen der andere nicht einverstanden sein könnte. Peter und Frauke äußerten ihre Wünsche nicht. Denn sie hatten Angst davor, der andere könnte sie ablehnen oder unter diesen Bedingungen die Beziehung gar nicht erst eingehen. Nun rücken sie mit ihren wahren Antrieben heraus. Peter will stolz auf eine tüchtige, berufstätige Frau mit einem eigenen Leben sein, Frauke will einen fürsorglichen Papa für Johanna und einen zuverlässigen Partner, der sich nicht dauernd durch Exzesse vor der Beziehungsarbeit drückt. Langsam und nach vielen, zähen Gesprächen heilt etwas zwischen ihnen. Ihnen wird klar, dass es Gemeinsamkeiten in ihren Träumen gibt, aber eben auch scheinbar unvereinbare Gegensätze. Sie einigen sich. Ein wirklicher »Plan B« ist das noch nicht, aber ein Kompromiss, mit dem beide leben können. Peter ist zu einem einzigen weiteren Versuch ICSI bereit. Danach wollen sie einen Antrag auf Auslandsadoption versuchen. Für eine Adoption in Deutschland ist Peter nämlich inzwischen zu alt. Sollte es irgendwelche formalen Schwierigkeiten geben, die absehen lassen, dass sich ein mehrjähriges Verfahren anbahnt, lassen sie es sein, versprechen sie sich. Das ist für Frauke eine große Herausforderung, und sie bittet darum, auf dem Weg, der vor ihr liegt, weiterhin ins Coaching kommen zu dürfen. Frauke will sich in jedem Fall eine familienverträgliche Beschäftigung suchen, sobald ihr 40. Geburtstag erreicht ist. Dass sie als Hotelfachfrau wohl keine Karriere mehr machen wird, ist ihr bewusst. Peter verspricht im Gegenzug, sich nicht mehr in Momenten von Frust und Angst aus dem Familienleben zurückzuziehen, sondern Ärger und Fragen direkt zu formulieren. Die beiden erkennen, dass ständiger Austausch anstrengend, aber für eine lebendige Beziehung unabdingbar ist.

Schlusswort

Beziehungen bestehen aus Kommunikation, aus sonst nichts. Kommunikation kann alles Mögliche sein. Vom eilig geschriebenen Zettelchen bis zur hochgezogenen Augenbraue, wenn der andere wieder seinen Lieblingswitz erzählt, vom mitgebrachten Eis bis hin zu einer leidenschaftlichen Nacht. Alles, was wir mit dem Partner teilen, ist Kommunikation. Wir haben keinen Adapter, kein Kabel und kein WLAN, um miteinander eine emotionale Ebene aufzubauen, sondern nur die unzähligen Spielarten verbaler und nonverbaler Kommunikation.

Liebe entsteht, wenn man im anderen ein Zuhause findet, sich verstanden fühlt und den Mut erwirbt, Intimität zuzulassen und Wünsche auszusprechen. Was wir sonst als albern oder peinlich abtun, findet die Liebe interessant. Unsere Macken, Schrullen und seltsamen Angewohnheiten kann sie ebenso tragen wie körperliche Unperfektheiten oder unerfüllbare Träume. Liebe eröffnet nämlich Platz für Träume. Sie polstert unsere Schwächen und Verzagtheiten ab, macht uns schöner, als wir sind, verleiht Kraft und Mut, lässt uns wachsen. Sie sorgt dafür, dass wir uns Sehnsüchte eingestehen und sie äußern können. Wenn Sie beide also zusammen den Mut gefunden haben, über Ihre Wünsche und Lebensträume zu sprechen, haben Sie schon einen gewaltigen Schritt gemacht. Sich zusammen ein Kind zu wünschen, ist eine riesige Liebeserklärung und ein großer Vertrauensbeweis. Wenn Sie jemanden gefunden haben, der Sie so nah an sich heranlässt, dass ein solcher Wunsch Platz hat, haben Sie schon einmal gewonnen. Sie haben echte Liebe erfahren, und diese Erfahrung kann Ihnen niemand nehmen. Dass der Partner, den Sie lieben, trotz aller Zuneigung nicht alle Wünsche erfüllen kann, ist schade. Viele empfinden das als Vertreibung aus dem Paradies. Aber Sie sind immer noch zusammen, wenn Sie dieses Buch in den Händen halten. Das heißt, Ihre Liebe wird durch die momentanen Schwierigkeiten nicht kleiner, sondern im besten Fall noch intensiver. Nach jedem gemeinsamen Versuch, nach jeder Frustrationserfahrung, nach jedem Rückschlag haben Sie etwas gewonnen, wenn Sie Ihren Partner immer noch lieben und bei ihm sein wollen.

Sie finden das paradox oder banal? Sehen Sie es andersherum: So viele Menschen sind aus offenbar nichtigen Gründen zusammen. Aus Gewohnheit oder wegen des Geldes. Manche eben aber auch wegen der Kinder. Sie beide sind aus Liebe zusammen, haben sich gewählt und wählen sich immer wieder neu. Nicht nur wegen etwas Bestimmtem, sondern trotz schwieriger Umstände. Das zeigt, dass Sie stark und authentisch, glaubwürdig und verlässlich sind – sich selbst und dem Menschen gegenüber, den Sie lieben. Sie kämpfen leidenschaftlich für ein gemeinsames Ziel. Das verdient Respekt.

Damit Ihre Beziehung über lange Zeit von der Liebe zehren kann, die sie nährt, braucht sie Verständigung. Achten Sie darauf, im Austausch zu bleiben. Geäußerte Ängste, Hoffnungen, Kritik, Schmerzen, geteiltes Lachen, Weinen und Verzweiflung, Bedenken und Fragen sind die Nahrung, die Ihre Beziehung zum Leben braucht. Wichtiger als alles andere ist also das Reden, das Fragen, das ehrliche Antworten. Keine übertriebene Schonung, kein Zurückstellen von Bedürfnissen über einen längeren Zeitraum, stattdessen Bestehen auf Austausch. Keine Angst vor einem »Nein«, sondern Zutrauen und Mut, auch ein »Nein« als Stück eines gemeinsamen Weges zu sehen. Nur wer »Nein« sagen kann, kann auch aus vollem Herzen »Ja« sagen.

Reden Sie über Ihre Eltern, über Ihre Freunde, Ihre ganze Familie, Ihre Geschichte, über Ihren Körper, über Sexualität, über Wünsche, Träume und Pläne. Immer wieder. Während Sie auf etwas warten, das bisher noch nicht eingetreten ist, nutzen Sie die Zeit für Ihre Beziehung. Spielen Sie miteinander, erfüllen Sie sich kleine und größere Wünsche, trainieren Sie Ihre Kommunikationsfähigkeit. Wachsen Sie! Vielleicht gehen Sie am Ende tatsächlich mit einem Kind nach Hause. Dann warten neue Herausforderungen auf Ihre Beziehung. Ihr Leben wird wieder komplett anders. Und selbst, wenn nicht: Warum nicht jetzt die Person genießen, die man am allermeisten mag?

Weiterführende Tipps: Literatur, Websites, Dokumentationen

Websites:

Bitte beachten Sie, dass viele Angebote für Wunscheltern gewerblichen Hintergrund haben. Außerdem speichern manche Seiten Cookies oder fertigen Besuchsprotokolle an. Wer sichergehen will, sieht sich das Impressum der Seiten an. In ihm ist dokumentiert, wer die Seite betreibt und welche Absichten sie verfolgt.

www.profamilia.de
www.familienplanung.de
www.wunschkind.de
www.eltern.de
www.urbia.de
www.babycenter.de
www.neunmonate.de (Cookies!)

Vlogs:

https://www.youtube.com/watch?v=ZgeosmPAZSA

Dokumentationen:

http://www.ardmediathek.de/tv/LexiTV/Der-lange-Weg-zum-Wunschkind/MDR-Fernsehen/Video?documentId=11799588&bcastId=7545188
https://www.youtube.com/watch?v=nBhuX6Zr5A8

Bücher:

Ulrich Clement: *Guter Sex trotz Liebe: Wege aus der verkehrsberuhigten Zone*; Ullstein, Berlin, 2006
Ulrich Clement: *Think Love*; Rogner & Bernhard, Berlin, 2015
Millay Hyatt: *Ungestillte Sehnsucht: Wenn der Kinderwunsch uns umtreibt*; Christoph Links Verlag, Berlin, 2012

Mira Kirshenbaum: »*Ich will bleiben. Aber wie?*« *Neuanfang für Paare*; Fischer Verlag, Frankfurt, 2012

Krishnamurti: *Über die Liebe*; Aquamarin Verlag, Grafing, 2014

Michael Mary: *5 Lügen die Liebe betreffend*; Bastei, Hamburg, 2001

David Schnarch: *Intimität und Verlangen; Sexuelle Leidenschaft in dauerhaften Beziehungen*; Klett-Cotta, Stuttgart, 2011

David Schnarch: *Die Psychologie sexueller Leidenschaft*; Piper, Stuttgart, 2006

Rosemarie Welter-Enderlin: *Liebe braucht Alltag*; Kreuz-Verlag, Freiburg, 2010

Jürg Willi: *Die Zweierbeziehung*; Rowohlt, Reinbek bei Hamburg, 2012